| 麻省理工最熱門的溝通課 |

高難度溝通

BREAKING THROUGH GRIDLOCK

The Power of Conversation in a polarized world

JASON J. JAY GABRIEL GRANT

傑森・傑伊、加布列・葛蘭特——著
陳琇玲——譯

各界推薦

「這是一本寫給變革推動者的實務操作手冊，告訴我們如何弭平差異，創造有效溝通，成就實際行動。」

——亞當・格蘭特（Adam Grant），《紐約時報》暢銷書《反叛，改變世界的力量》（*Originals*）及《給予》（*Give and Take*）作者

「這本書不是寫給膽小鬼看的。不過，如果你真的想改變世界，就一定要好好看看這本書。這本書向身為倡議人士、公民或人類一分子的我們提出挑戰，要我們認識自己的動機和假設，藉此與我們反對和躲避的人們達成共識。這本書也要求我們丟掉自以為確定無疑和自以為是的感覺，好讓我們能以不同的新方法達成目標。而且，這本書還提供我們達成目標的方法與祕訣。」

——葛溫・魯塔（Gwen Ruta），美國環境保護基金會氣候與能源部資深副總裁

「我們國家的未來取決於我們與不同意見者進行溝通的能力，傑伊和葛蘭特指引我們，開啟對我們的民主制度至關重要的對話。」

——范・瓊斯（Van Jones），夢想企業（The Dream Corps）共同創辦人暨總裁，CNN 政治評論員兼主持人暨作家

「我們需要從相互對抗的角度汲取創造力，來創造成長的組織和繁榮的社會。這本書就是為我們提供這種工具。」

——約翰・麥基（John Mackey），全食超市（Whole Foods Market）執行長

「傑森・傑伊和加布列・葛蘭特認為，讓我們的許多公開互動或私人互動飽受折磨的對話僵局，唯有靠「真誠」這項關鍵才能破除。作者強調我們落入的陷阱，以及擺脫陷阱的有效方法。雖然做起來不容易，但你可以使用作者提供的練習，避免我們在不自知的情況下造成對立。」

——勞倫斯・蘇斯金（Lawrence Susskind），共識建立協會（Consensus Building Institute）創始人，麻省理工學院都市與環境規劃教授，哈佛大學法學院協商計畫研究院副主持人

「無論你想改變的是你的企業、你的社區、或是你自己，傑伊和葛蘭特合寫的這本簡明實務指南，都能讓你會心一笑，並激勵你開始行動。」

——克莉斯汀・巴德（Christine Bader），《企業理想主義者的進化》（*The Evolution of a Corporate Idealist*）作者

謹以本書獻給我們的小孩，
維克拉姆、烏瑪、艾瑞亞娜和瑪德琳：
與人鬥，引戰事；
與己鬥，得和平。

——哈茲拉特・伊那業特・可汗
（Hazart Inayat Khan，蘇菲教派創始人）

第1章 我們怎麼講不下去了——對話出現僵局

第2章 /// 真誠——打破僵局的關鍵

第3章 /// 明白自身狀態造成的包袱——對話的潛在障礙

練習

圖錄

表錄

推薦序

溝通難題從未消失，突破對立從對話開始

在我閱讀《高難度溝通》這本書時，高難度的溝通問題並未停止而難以迴避。長榮航空服員的罷工事件進入關鍵的第十天，行程大受影響的旅客，焦慮地期盼對立的勞資雙方達成協議。國際上，世界各國緊盯著在大阪舉行的G20峰會，猜測中美貿易大戰的僵局能否在川習會面中打開死結。

僵局不只存在嚴肅的政商議題，娛樂圈裏的溝通難題也不時傳出。范冰冰、李晨這兩位在二〇一五年公開「從朋友到愛人」的明星，四年後無奈宣布「我們不再是我們」。約略同一時間，超人氣的韓星宋仲基與宋慧喬各別宣布兩年婚姻結束。從社群媒體裏與日常接觸中，我們了解不論人類科技如何發達、生活水平如何提升，溝通類型可能轉變，但是難度卻不見得降低。

溝通難題從未消失，因而人類研究與學習溝通的努力也從未停止。早在兩千五百年前，古希臘的亞里士多德寫下研究公眾溝通的專著《論修辭》，當中不僅談修辭策略，也廣泛地分析人類的各種情緒。溝通研究在二十世紀的美國成為普遍的學科，大量心理、教育與管理學者投入相關

研究，主要大學也紛紛設立聚焦溝通問題的專業學系，最普遍的是「口語傳播學系」（department of speech communication）或「溝通研究學系」（department of communication studies）。而人際溝通或演講學（公眾溝通）在許多大學也被列為必修的基礎課程，顯示美國大學教育對於溝通技能的重視。

《高難度溝通》一書由麻省理工學院史隆管理學院的高階講師傑伊，與拜倫教育基金會共同創辦人格蘭特合著。他們體認到美國社會近年在環境、移民與政治議題上都面臨巨大的分歧，因而多年在各項講座與工作坊中，嘗試發展一套透過對話突破對立的課程。本書的英文原版書名是「突破僵局：對立世界中的對話力量」（Breaking Through Gridlock: The Power of Conversation in a Polarized World）。分析這項標題，作者設想的處境是「對立世界」，目標是「突破僵局」，而關鍵的作法則是有力量的「對話」。

為了讓「對話」發揮力量，作者將本書設計為由一系列練習貫穿的「實務指南」。練習的原則是以「認真玩」（serious play）的態度來培養溝通技能。也就是通過認真反思、包容自己人性缺點、並期望與別人合作來挑戰自己。一系列練習活動的背後，是作者從眾多個案分析中發展出的溝通觀點。作者認為，打破僵局的關鍵是「真誠」（authenticity）。如果人們聚焦在真正想要的未來（也就是作者所稱的「動態真誠」），避免陷入僵局的誘餌，並巧妙運用有效的道歉，便可能將對立轉變為創新與行動的能量。

如作者所言，讀者可以把《高難度溝通》當作一本發展溝通技能的練習指南。兩個特點是練習來促進反思，以及觀點來導引行動。本書聚焦在實作練習，並不強調理論的豐富，書中許多概念有發展的空間，讀者如有深入思考的興趣，可以參考自我溝通、人際溝通以及談判協商的文獻，這些研究在當代的溝通研究領域都相當多元而豐富。面對從未消失的溝通問題，發揮對話力量來突破對立僵局，的確實是追求優質生活的必經之路，而這本《高難度溝通》或許就是您學習有效對話的重要一步。

世新大學口語傳播學系教授　溫偉群

推薦序

喚醒彼此傾聽、真誠交談的能力

也許有人會說，對話的時代已經結束了，我們的世界已經充滿歧見，進入連對話都無濟於事的狀態。現在，我們處在一個非贏即輸的世界，不管我們的立場為何，只要確保我們這邊能贏就好。也就是說，我們在打仗，重要的是誰的戰術比較高明。

但我們是在跟誰打仗呢？我們面臨的重大問題，像氣候變遷、物種滅絕、嚴重的不平等、低度就業、年輕人焦躁不安、社會不安定、經濟上財富過剩而有意義的工作卻嚴重不足，這些問題都不是「別人」造成的。這些問題都是我們自己造成的。我們的生活方式無法為我們和跟我們共享這個小小星球的其他眾多生物的福祉，創造最基本的條件。在我們跟自己對打的這場戰爭中，輸贏沒有什麼意義，我們只是不停地原地打轉。在不知不覺之間，我們已經以瘋狂、憤怒和恐懼，取代造福所有生物的實質進展。

我相信，現在有愈來愈多人明白這一點。他們知道，這個世界必須改變。他們知道，你不能在一個資源有限的星球上，繼續追求物質上的增長。而且，現在不管是國與國之間或人與人之間，一味追求物質增長的愚蠢行為，只會引發日益嚴重的惡性競爭，人家只想著「我拿到的這份」要比別人多。在某種程度上，人們知道問題已經不在於「我們對抗別人」，而在於「我們所有人想要創造怎樣的未來」，也就是我們自己必須求新求變。諷刺的是，這種理解可能讓現狀變得更加惡化，因為我們認為別人應當做的事情，和我們周遭實際發生的狀況之間，出現更強烈的反差。

面對這種現實，我們基本上只有同樣的選擇：繼續依據「爭奪控制權來追求進步」這種定義，來「為自己的信念而戰」，不然就是選擇改變。不過，這裡的改變是指什麼？它和「放棄」有何不同？首先，它不是要你不再那麼努力達成自己深信的目標，而是要你改變達成目標的方式。簡單講，它是要你明白，要實現真正的改變，你必須同時跨越外在障礙和內在障礙。如果你只想跨越外在障礙，而忽視內在障礙，那麼進步就只是空談。反之亦然。所以，我們真正的選擇只剩下：同時關注外在障礙和內在障礙，不然就兩者都不理會。身為懂得反思的實踐者，我們真正要做的不僅是強調行動力，還要追求覺知力，我們不僅要處理「外在的問題」，也要同時探索「內在的阻礙」。

所以，最後，身為對生活懷抱使命感，時時致力於為下一代創造美好未來的維權人士，我們要面臨的問題其實就是，我們如何進行下一次的對話。誠如偉大的物理學家維爾納・海森堡（Werner Heisenberg）所言：「科學源自交談。」社會變遷的情形也是如此。我們是為了贏，還是為了得到啟發？在交談結束後，我們跟對方的關係更緊密了嗎？我們更清楚哪些事情是有可能的嗎？還是，情況正好相反？我們的行為是在創造可能出現的未來，還是在鞏固把我們困在固有思維和行為模式裡的過去？

面對這些最根本的問題，傑森・傑伊和加布列・葛蘭特提出一套既完備又實用的協助。他們知道，根本的改變從來不是光有意圖就能實現的，始終還需要練習。所以，他們詳述做法，讓我們借助日常問題，不斷地開啟我們自己的覺知。他們也知道，這絕對不是一個孤獨的旅程，你必須與他人結伴同行。找人跟你攜手並進，持續探索在正視當今影響深遠的變革挑戰時，需要具備什麼條件，才能保持開放的心態，接納不同的意見。

如同神經學家所言：「在壓力下，大腦的功能會退化。」這時，我們也會退回到最原始、最習慣的行為模式。以人類社會來說，這一點完全正確，如今，我們在全世界都能看到這種大腦減速的模式。如果我們想在解決重大問題時，取得真正的進展，那麼重新喚醒彼此傾聽、真誠交談和一起思考的能力，就是關鍵所在。

彼得・聖吉（Peter M. Senge）於麻省理工學院史隆管理學院

二〇一六年十二月二十六日

作者序

這本書是怎麼誕生的

還記得上次你跟意見相左的人，討論重要話題時的情況嗎？你們談得怎麼樣？如果當人們在政治、社會或環保話題上陷入僵局時，你可以介入讓對話得以進展下去，結果會怎樣？如果在重重阻礙的對話中，我們能夠忠於自我，還能增進彼此的關係，並且產生有影響力的新想法和成效，結果會怎樣？

蘿拉是一名即將畢業的大四學生，她正和朋友一起在海邊，享受大學時期最後的快樂時光。大家一起為四年大學生活畫下美麗的句點，並慶祝彼此即將畢業。然而，就在這趟海邊度假的第三天，其中一位朋友突然說，他不相信全球暖化那套說詞。蘿拉難以相信朋友會這麼說，後來她狠狠教訓對方一頓。接下來三天裡，氣氛很僵，大家都很尷尬。後來，蘿拉靜下心來想想，她知道自己的做法不僅傷害同學之間的關係，也無法說服任何人改變想法。她跟朋友道歉，也跟朋友更詳細地說明自己對氣候暖化的看法和感受。這次交談不僅讓他們重修舊好，也讓她的朋友重新思考氣候變遷這個問題。

年紀輕輕的凱文在一家迅速成長的再生能源技術公司，擔任客戶開發經理。有一天，他接觸到一個新觀念並且深受啟發。他覺得這個新觀念有可能讓整個產業徹底改觀。他喜出望外，直奔新任執行長的辦公室。這位執行長過去從事創投，受新東家邀請接掌此職。凱文自認為在執行長面前，做出這輩子最棒的推銷。然而，他漸漸從對方冷漠的表情裡看出，問題大了。他慌亂比劃一陣子後，終於發現執行長不想再聽下去，只好趕忙結束話題走出去。他覺得自己遭到拒絕，所以開始思考這家公司是否適合他繼續待下去。經過一段時日的慎重考慮後，他發現他沒有把自己的想法或投資報酬率，跟執行長關心的事情相結合。於是，他調整說服策略再向執行長報告一次，結果如願以償。後來這家公司創造新的服務模式，迅速擴大再生能源在世界各地的應用。

熱衷健康生活方式的米凱拉再三勸告母親要減肥，可是每次聊到這個話題，兩人就會唇槍舌戰，最後不歡而散。米凱拉發現，問題可能出在自己的對立情緒。後來她改變做法，承認一直以來她只是想證明自己是對的，而沒有真正給予母親協助。所以，她陪母親逛超市，一起計畫飲食。原本母女倆已經一年多沒有一起吃飯，現在則是每週三天一起開心共進晚餐。

諸如此類的事情是生活中的常態。在大多數情況下，儘管我們立意良善地推動我們倡議的事情，但在各種想法、優先要務和種種理念爭相獲取關注的情況下，我們很難突破僵局，實現我們真正想為自己、為我們的關係和我們的世界爭取的結果。只有在少數時候，我們確實能做到這樣。我們喜歡聽這類善用對話的力量讓世界更美好的故事，因為我們想要更多這樣的故事成真，而且我們有辦法協助大家創造這類故事。所以，我們寫了這本書。

我們的旅程

這本書從我們收集自己的故事揭開序幕，有我們的反思、學習和嘗試。一直以來，我們兩人都在追尋一個更美好的世界，不論我們的角色是在學的維權人士、是管理諮詢顧問、還是大學老師。一路走來，我們錯過許多原本可以獲得豐碩成果的機會，也在家人和同事之間製造許多隔閡。有時，我們最後終於打破這些隔閡。然而在更多情況下，我們只是陷入僵局，任由我們在政治、社會和環保等議題上的對立繼續擴大。

經年累月下來，我們一起學會如何打破僵局，獲得重大成功。我們也受邀幫助他人達成同樣的目標。傑伊輔導過許多家公司的管理高層，譬如：百健（Biogen）、博士公司（Bose）和洛克希德・馬丁（Lockheed Martin）。他幫助這些管理者破除內在障礙，強化永續發展策略。在麻省理工學院史隆管理學院，這個頂尖商學院裡，將只有一小群學生和教職員感興趣的永續發展計畫課程，打造成整個商學院的策略發展重點。他激勵史隆管理學院幾百名學生關注永續發展，並從事相關職業。葛蘭特在傳統機構建立致力於環境保護的聯盟，同時透過創辦拜倫教育基金會（Byron Fellowship），發展出擴及美國本土以外的變革領導者社群。他也與資誠（PwC）、星巴克（Starbucks）、全食超市（Whole Foods）、新比利時（New Belgium）、永續品牌（Sustainable Brands）、美國零售業領導者協會（Retail Industry Leaders of America）和綠色商業公司（GreenBiz）等多家機構合作，為企業管理者提供培訓服務。

在剛開始那段期間，我們公開反思我們自己的經歷，我們在哪裡成功了，在哪裡失敗了。很多人要求我們開課，所以我們設計一個課程。我們開始開辦研習班，教導學員如何在意見分歧時展開真實的交談，以及如何在永續發展和社會正義等話題上，擺脫「跟同溫層宣傳」這種多此一舉的做法。根據實際教學經驗，我們發展出自己的方法論，並且把它提供給更多人。目前，包括康乃爾大學和密西根大學在內，有多所大學開辦我們設計的這套課程。他們證實我們的成功做法是可以教授和複製的。同時，我們也一直受邀到企業內部服務，為一百五十多家知名品牌的副總裁或總監等永續專業人士提供訓練。我們總共指導將近二千名支持永續發展理念的管理者。

我們的研習班學員有年輕的維權人士，也有老練的領導者，有還在求學的大學生，也有叱吒商場的管理者。從他們慷慨分享的經驗當中，我們得知人們在提出倡議時，可能落入的種種陷阱。我們也從他們的成功經驗學到，人們如何在對立和僵局中找到出路，而能互相理解達成共識，一起激發出有創造力的新做法。雖然起初我們的方法只針對環境保護相關議題，但現在已經發展到支持永續發展、社會正義和公共衛生等涉及層面更廣的「進步」運動。

若說我們的方法中存在一個基本見解，那就是——沒有特定的說詞或論點能保證對話得以進展。打破僵局不是要「找對事情說」，而是要做出更根本的轉變，也就是要改變我們本身的狀態。當人們固執己見，堅持以往的思維方式和狀態，只會讓對立和僵局持續下去。唯有掙脫束縛，擴大思維和行為模式，才能打破僵局，讓情勢有所改觀。這樣，人們就能認清自己究竟想要怎樣的未來，也會營造一種與未來相呼應的立場與當下狀態。之後，對話就會自然而然地進展下去。透過這種過程，我們就能巧妙地邁入尚未探索的新領域。我們可以真實地回應人們的抗拒。在探索新想法卻因為彼此價值觀不同而讓關係緊張時，我們可以忠於自我。在摸索之際我們得以重建共識，讓對話持續進展。

這本書跟一般討論溝通僵局的書籍不同，我們並不是討論發生在世界上某個地方的抽象現象。沒錯，我們所說的僵局是跟政治領域的僵局和對立有關，因為不同意識形態和不同黨派的人們很難對話。這本書討論的僵局，也跟組織或行政領域的僵局有關，有不同優先要務和待辦事項的人們，很難達成共識並採取行動。但在這些情況下，要打破僵局都得從對話開始著手。而且我們已經發現，要精通這種對話的最佳訓練機會，就藏在你跟最親近的親友溝通不良時，譬如在餐桌上或在節慶聚會上。

本書措詞提示

在有些例子中，我們會刻意以「他們」（they）當作第三人稱單數代名詞，我們這麼做是為了推廣大家使用包容性語言（inclusive language）。

///

前言

如何使用這本書

這本書是為你而寫，也為你在世上所要完成的工作而寫。它是一本實務指南，也是一本練習手冊，有一系列的練習貫穿各個章節。這本書要求你做一些苦差事，你要反思，要正視自己的脆弱。如果你能堅持這樣做，那麼你依照這本書所做的努力，會讓你漸漸具備一種能力，能跟任何人討論你最重視的問題並達到預期成效。這本書協助你善用對話的力量——將對立和僵局轉變成為創意和更良好的關係。在後續章節裡，我們會質疑你對表達價值觀、展現領導力和真誠（authenticity）溝通等方面的觀念。我們會鼓勵你檢視自己的對話和遇到的僵局，以及我們都會遭遇的常見陷阱。我們會為你創造機會，讓你改變你所重視的對話。然後，我們還會提供改善這種對話的新做法，讓你能把這種新做法運用到你的組織裡，以及更重要的倡議運動上。

如果我們都能這樣做，我們就能解決重大問題，一起創造更美好的未來。在這個過程當中，可以創造一個美好的世界——先從促進我們在家庭、社區和組織的關係做起。同時，也強化我們的使命感和成就感。

為了加入這個旅程，我們邀請你抱持一種非常獨特的心態——認真玩（serious play）。如果你覺得這種說法看起來似乎自相矛盾，但真正的意思如下：

「認真」二字表示我們要專注於仔細反思我們的經歷，也表示我們要勇敢面對自己遭遇失敗的經歷。

「玩」這個字代表幾件事。首先是指，如果我們太一本正經，我們的反思就會淪為批判，甚至會讓我們喪失信心，我們不僅會覺得整個社會和整個世界都毫無希望，也會認為這一切都是我們的錯！我們應該抱持輕鬆和憐憫的心態，看待我們的小缺點和人性，這樣就比較容易保持專注和勇氣。實際上，當我們能夠自我解嘲，就表示我們已經有所學習。

玩代表的第二件事是，這是我們一起做的事情。我們面對的複雜狀況並不獨特。我們落入的陷阱，並不是特別為我們設下的。我們的研習課程和這本書的部分價值就在於，讓大家清楚知道你不是孤軍奮戰。

如果你能找別人助你一臂之力，這本書的用處就更大，整個練習過程也會更有趣。回顧以往的經歷，我們兩人都找不出任何時候是不用依靠別人的幫助，不用跟別人合作幫我們挑戰自己，就能實現自我改變的。在第2章結尾處，我們會請你找一位夥伴，陪伴你一起踏上旅程。所以，現在你可以開始思考，誰可能是這個人選。

在開始練習前，我們想讓你弄清楚，你希望這本書能幫助你在生活的哪些方面，進行探索和實驗。

///

EXERCISE

練習①×你想在哪些方面打破僵局？

找一張紙，或準備一本筆記本，讓你進行本書練習使用。請花一點時間，列出三個清單。

依序列出清單，在不同清單中間留一些空間，因為在你列出清單2和清單3後，可能會想到補充清單1的問題。

清單1：你最熱衷哪些事情？

你熱衷的事情可能是地緣政治的重大挑戰，也可能是隨手關燈這種小習慣，或是其他任何事情。你可以把你在工作上、社群媒體和社交圈裡高度關注的事情列出來。你也可以把你不為人知，但心裡非常關切的事情列出來。

為了幫助你思緒暢通，你可以想想下列問題：有什麼事情讓你覺得受到威脅，而產生保護之心？你認為自己支持哪些價值觀？你對你的家庭、組織、社區、國家和世界，抱持怎樣的願景？

清單2：你的哪幾次談話最後淪於對立或陷入僵局？

以清單1列出的事情來說，你跟誰起了爭執或針鋒相對？在這種對立狀況下，誰站在「你這邊」，誰站在「另一邊」？這種爭執發生在什麼時候和什麼地方（譬如：在餐桌上、在臉書上、在辦公室，或是在學校餐廳）？

清單3：你知道哪些話題容易陷入僵局，所以你總是避免談論它們？

在上述事項中，你覺得誰就是「無法理解」你的見解？你認為跟誰談論這些事情和討論你的想法會太冒險？這裡說的冒險，可以是稍微不自在，也可以是激烈報復。

關於練習的注意事項

當你看到書中出現我們剛剛分享的這類練習時，就表示我們認為這是特別適合進行這項練習的時機。在這種時候，我們建議你最好先停下來，把練習做完。在這本書裡，我們設計一系列的

///

練習，這些練習彼此環環相扣，它們大多出自我們的研習班並經過多次修改，在世界各地達到最佳成效。其中也有一小部分練習，是我們特別為這本書設計的，我們也請一些使用者測試過這些練習，並進行調整和修正成效。

為什麼要進行這些練習？因為我們特別注重行動。簡單講，除非你真的進行交談，否則根本無法善用對話的力量。我們知道有些人看這本書時，會跳過這些練習。但如果你做了這些練習，你更可能在生活中取得真正的收穫，而不是想像著怎樣有收穫。經過逐一練習後，你會具備有效溝通的能力，也可以將這些技能傳授給志同道合者。

透過參與這些練習，你會知道練習可以創造成效。我們的一位學員和班上同學一起做了反思練習。後來，她鼓起勇氣採用新的溝通方式，讓對話產生實質改變。她在反思報告中這樣寫道：

到現在為止，我已經吃素幾十年了，只有偶爾中斷一下。但大致說來，我把吃素當成一種信仰。一個人生活時，吃素這種事很容易。但去年我搬回跟母親同住。我正在攻讀企管碩士，必須減少生活開銷。我家是波斯人，要吃素很困難。我們平常吃雞肉、烤牛肉或燉羊肉。

自從搬回家住後，我從沒試過讓家人也跟著吃素。我只是努力說服家人，盡量買符合永續原則、以人道主義生產的肉類和動物製品。但是，即使我這樣要求也毫無效果。在我們的課堂練習中，我發現這是因為我的要求帶有情緒和苛責。

研習班結束當天，我姨媽做了雞蛋料理當早餐，想要我也吃一點。我原本想說教，告訴她雞被關在籠子裡遭受多少折磨。但我停下來，禮貌地婉拒說我不吃。姨媽問我怎麼了（她知道我愛吃半熟的水煮蛋）。

那天早餐前，我跟姨媽才說起我們去中國工作的不愉快經驗。由於工作的關係，姨媽過去經常去中國出差，每次回來都有點不愉快。我們聊到，儘管出差途中要給家人和朋友買一些小禮物很重要，但是那些小擺飾太便宜了，讓我們無法安心，擔心東西賣得這麼便宜，到底是怎麼生產出來的。

我沒有想到，課堂上學到的東西，這麼快就能派上用場。我突然明白，我可以把這兩件事情做一種聯繫。我跟姨媽說，她在出差途中覺得買便宜貨讓她不安。基於同樣的原因，我對於購買便宜食物也感到不安。而我講這些話時，我母親也在一旁聽我們交談。後來，我第一次從我母親的眼神裡，看出她明白我的意思。

身為一家人，我們開始討論為什麼「我們」要做這樣的選擇，而不再是為什麼「我」要做這樣的選擇。講到最後，姨媽開始問我，她該如何分辨哪些肉可以買。

隔天我回到家，發現冰箱裡多了一盒非籠飼雞蛋和有機牛奶。我母親聽了我的一番話後，採買安心食品了。這實在太讓我驚訝了。

前言摘要

- 這是一本實務指南，也是一本練習手冊，有一系列證實有效的練習，幫助你逐步建立溝通技能。

- 如果你能堅持這樣做，那麼你依照這本書所做的努力，會讓你漸漸具備一種能力，能跟任何人討論你最重視的問題並達到預期成效。

- 我們邀請你抱持一種「認真玩」的心態：勇敢面對自己失敗的經歷，也懂得自我解嘲，並享受過程中的樂趣。

- 做練習：問自己，你想在哪些方面有所突破？
  ❶ 你最熱衷哪些事情？
  ❷ 你的哪幾次談話最後淪於對立或陷入僵局？
  ❸ 你知道哪些話題容易陷入僵局，所以你總是避免談論它們？

Chapter 1

我們怎麼講不下去了——

對話出現僵局

How We Get Stuck

Breakdowns in conversation

早上醒來聽新聞就知道，無論現在還是未來，我們所處的世界都面臨重大挑戰。我們聽到遙遠國度民不聊生，也聽到街坊鄰居入不敷出。我們聽到有人過胖，有人挨餓；有乾旱成災，有洪水肆虐；有祝融之災，也有暴風雨襲擊。我們聽到企業創造就業機會和神奇創新，也聽到環境災難、社會剝削和民主制度受到操控。然後，我們不小心把咖啡灑出來（或者咖啡被小孩打翻），我們得換一件襯衫趕去上班，繼續過我們的生活。

關於子女的未來，以及後代子孫和地球上人們的未來，我們有很多事情要操心。這些事情似乎環環相扣。人們可能用「社會正義」、「公共安全」、「永續發展」或「公共衛生」這類措詞來表達這些事情。但這些措詞都太過抽象，如果安靜花一點時間思考這些事情，我們就會問一些更基本的問題。比方說，我們現在面臨的最迫切挑戰是什麼？這些挑戰是怎麼形成的？我們該怎麼做？

我們發現最重大的問題之一是，我們對於**問題的性質和解決方式極度缺乏共識**。我們對於哪些問題最重要，必須趕緊處理，有各自不同的看法。我們對於市場和政府提供協助的能力，也有不同的意見。我們對於科學、經文以及其他追尋真理的方式，觀點各異。而且，我們往往對於目前所發生的事，也無法取得共識，更別提我們想要怎樣的未來，以及如何實現那樣的未來。我們從新聞裡看到各式各樣的對立和僵局，也經常在社區和組織裡看到同樣的狀況。

那麼，我們該怎麼做？我們怎麼做才能打破僵局，建立共識？

也許，我們需要從每個人開始，逐步建立共識。但我們也擔心：「有那麼多時間這樣做嗎？」

畢竟面臨的問題已經十分急迫。

也許我們應該鎖定關鍵決策者，這些人掌握大權，能夠馬上發揮影響力，改變現狀。也許我們應該召集志同道合者，激勵他們大力推動：要大家去投票、去捐款、去抵制、去負責任地消費、去請願、去跟他們的企業負責人或政黨代表談一談。

每個行動方案都有一個共同點，就是：我們必須跟人們對話。

對話的力量

西薩・查維茲（Cesar Chavez）原本是一名農場移工，後來卻成為美國最偉大的人權運動者。有一名學生曾經問他，如何組織運動。查維茲回答說：「我先跟一個人談談，然後再跟另一個人談談。」「不，我是問你如何組織運動？」這名學生堅持問道，查維茲再次回答：「我先跟一個人談談，然後再跟另一個人談談。」

透過跟我們生活當中出現的人們對話，我們可以動員他們支持我們想做的事。這些人可能在我們家裡、在街坊鄰居、在我們所屬組織裡、以及在市集裡。他們當中有些人跟我們志同道合，我們要動員他們採取行動。有些人並不關心我們熱衷的事情，所以我們必須激起他們的興趣。還有些人跟我們的立場迥異，我們要跟他們解釋，說服他們改變。善用對話的力量，表示我們必須認真把握每一次機會。

有時候，有人會懷疑我們的做法，他們會說：「我們怎麼可能透過一對一的對話，解決像貧富不均和氣候變遷這種全面性的重大問題？」「或許你是大企業執行長，所以你講話有分量，但我講話就沒人理。」如果你也這樣想，你不妨看看梅麗莎・吉爾德斯利夫（Melissa Gildersleeve）和她母親喬伊絲・拉瓦列（Joyce LaValle）的談話，後者是美國英特飛地毯公司（Interface）的區域銷售經理。

喬伊絲記得，有一天，在華倫威爾森學院（Warren Wilson College）就讀的梅麗莎回到家。

我逛完超市回家，拎著超市剛開始提供的塑膠袋。我跟梅麗莎說：「這很棒，不是嗎？我可以把袋子掛在手臂上，一次拎上好幾個袋子。這真是一大創意。」然而，梅麗莎卻並不這麼認為，她說：「確實不錯。只是，妳這麼高興，顯然沒有顧慮到我的未來。」梅麗莎這麼直白地說，讓我猛然醒悟。我沒有想到塑膠袋的材質永遠不會消失，不會因為被當垃圾丟掉就能分解掉。後來，我開始跟梅麗莎深入交談。

她讀了保羅・霍肯（Paul Hawken）寫的《商業生態學》（*The Ecology of Commerce*），她說：「妳看看這本書吧。媽咪，妳知道嗎？我在研究垃圾掩埋場，我想去那裡看看……妳應該開始了解一下，在垃圾掩埋場裡，地毯那種東西有多麼占地方。而且，地毯還無法分解掉。」我再次猛然醒悟。這件事跟我的工作有關，地毯對環境產生有害的副作用。她把書拿給我並說：「看看這本書，了解書中內容，一定要讓英特飛地毯公司也理解這本書，因為情況必須有所改變。」她知道我在英特飛地毯公司工作，她覺得我能在這方面做一些事情。或者，至少能把這件事提出來。

喬伊絲不確定她自己能對垃圾掩埋場裡那些地毯做些什麼，因為公司裡面沒有人談論這方面的事情。但她認識銷售副總裁，此人能跟公司執行長雷・安德森（Ray Anderson）報告。喬伊絲把霍肯的書寄給銷售副總裁，請他把書放在安德森那井然有序的辦公桌上。

安德森看了這本書，在自己的「取用—製造—廢棄」的商業模式中發現問題。結果，他成為最早也最熱心關注環境的一批企業領導者之一。安德森在公司的文章、談話和行動中，推動永續事業整個領域的發展。

喬伊絲說：「我只是努力做好答應梅麗莎的事。我並未期望這樣做會有多大的改變。」我們很難知道我們的對話會產生怎樣的結果，即使我們最後知道了，也可能是幾十年後的事。

我們也遇到一些人，他們不想把自己當成實現某種社會變革的維權人士或組織者。你可能只想從小地方做好，譬如在你家裡或在所屬團隊倡導某些行為或習慣，好讓人們更健康也更負責任。你也可能只想透過自己的行動，「力行改變」。但從我們的經驗來看，這些行動方案仍然需要對話。你必須向公司同事或家庭成員說明你在做什麼。你必須從他人那裡尋求道義上的支持，你也想把自己正在做的事情跟大家分享，藉此鼓勵他人。唯有透過這種有效的對話，我們才能達成目標。而且我們在這種探索過程中，也必須一直跟自己對話。

在後續章節裡，我們會討論這類對話應該怎樣進行。這些對話跟我們即將邁入的未來和我們想要的未來有關。

我們往往會迴避或中途放棄這類對話，因為我們知道這類對話最後都會出狀況。有時，我們會在原本氣氛融洽的晚餐上，因為政見不同而唇槍舌劍。於是你學到教訓，有些話題太具爭議性，不適合談論。有時，我們想跟同事、鄰居、配偶、父母或姻親，討論我們重視的事情，但我們卻擔心這麼做只是白費力氣。我們都聽過也說過這樣的話：「這就是我不在家庭聚會時談論政治的原因。」「這就是我不跟同事談論價值觀的原因。」當我們在一些事情上出現歧見，我們會保護自己免遭攻擊。

諷刺的是，跟我們在政治方面意見不一的親友們，也面臨同樣的問題。無論我們喜歡右派媒體福斯新聞（Fox News）和葛倫・貝克（Glenn Beck），還是喜歡聽左派媒體全國公共廣播電台（NPR）和電視節目《民主，就是現在！》（*Democracy Now!*）。我們總是認為對立陣營的人們荒謬可笑，拒人於千里之外。

根據我們的經驗，對話會出現歧見跟我們的想法多麼偏左派或右派無關，只是雙方價值觀不同，導致正常溝通和對話無法進行下去。

即使我們所屬企業內部也存在許多小群體，有的更關注社會影響，有的更關注財務績效。如果我們試著跨越這些小團體展開對話，結果往往無法如我們所想。更常見的情況是，我們乾脆徹底避開這類對話。我們面臨同樣的結果，被困在一處，只能與同溫層的人交流。這就像在「對唱詩班傳教」，跟在志同道合的朋友和社群網路這種回聲室裡對話一樣多此一舉。

遇到情況緊急的重大問題時，這麼做是不夠的。我們不能只靠跟主張社會正義者溝通，這並不能解決貧困問題和人權問題。也不能只靠召集熱心的環保主義者，就想解決全球氣候變遷、棲息地破壞和水汙染等問題。而且，我們不跟關注公共衛生以外的人士交流，就別想解決肥胖問題。這所有挑戰都需要做出重大改變，從個人養成新習慣到發展創新，再到公共政策的轉變。這樣做需要大量的支持者來推動，遠比我們目前擁有的支持者人數要多更多。而且，我們常會發現自己的不足，雖然想要在這種有可能促成真正改變的對話中，充分表達我們最重視的看法，但一切似乎難上加難。

我們寫這本書的目的就是要創造一套新的可能性。藉由善用對話的力量，我們就能打破僵局，將對立化為實現目標的助力。

從現狀做起

我們如何從一對一溝通的角度，看待這些陷入僵局和對立的重大問題呢？我們必須尋找，曾經在對話中遭遇的僵局。

首先，我們先定義何謂「陷入僵局」，它的意思是說，我們反覆進行（或迴避）對話，卻無法實現我們想要的目標。

當我們身陷僵局時，我們未必知道。當我們預先設定的策略首度未能奏效時，我們可能決定繼續嘗試或更加努力。在對話中，我們會重申自己的想法或解釋自己的立場。然後，我們可能會調整策略，改用稍微不同的措詞。我們也可能引用外界資源和各種事實與觀點。我們可能繼續嘗試許多次，同時心想：「為什麼他們就是不明白呢？」或者，我們可能捫心自問：「我還要怎麼做，才能讓他們理解呢？」

在這個過程中，我們隨時都可能放棄。我們可能認為這樣做不值得，或者至少覺得我們的談話對象不值得我們繼續努力下去。你可能會對自己說：「算了吧。」

如果真是這樣的話，我們覺得你不會花精神拿起這本書看到這裡。承認吧，你很在意。我們認為，你之所以看這本書，就是因為你跟我們，還有這本書的其他讀者，都有一些共同的目標：

- 為了實現某些共善，我們想在日常生活裡身體力行，或鼓勵他人也這麼做。
- 我們希望身邊的人和其他生物都能過好日子。
- 我們希望自己能過好日子。

陷入僵局表示，我們反覆進行（或迴避）對話，卻無法實現我們想要的目標。而且更糟的是，我們還造成下列後果：

- 我們放棄自己採取行動的能力。
- 我們無法激勵他人採取行動，更糟的是，我們引發他們積極反抗。
- 我們讓身邊的人受苦，而不是讓他們過好日子。

• 我們破壞、而不是加強我們與他人之間的關係。

這表示我們是壞人、是很可怕、很糟糕的人嗎？當然不是。我們只是被困住罷了。我們的目的就是要協助你，讓你更**有效**地溝通——先定義你想要的有意義結果，然後加以實現。要做到這一點，我們必須先反思我們在哪些具體情況下，發現自己的對話陷入僵局。我們會請你從練習1列出的對話中，找出一次對話，針對此次對話做一些反思。

關注當下發生的真實對話

簡單提醒大家：每當有人向我們請益，想知道如何成為更有影響力的倡議人士或領導者時，我們都會要求他們反思某一次陷入僵局的對話。有些人提到自己很重視的某次談話，並能馬上說出那次對話的細節。不過，很多人聽到這項要求，馬上變成逃避大師。我們每個人都很懂得怎樣逃避，對真實生活有重要影響的真實對話。

為了避免反思你跟特定對象進行的特定對話，你可能想起一群人或某一類型的人來代替，比方說：「我跟管理高層交談時……」你也可能隨意地編造一段從沒發生過的虛構對話，但卻講得好像真的發生過似的。比方說：「如果我見到州長，我就會告訴他（但其實你根本沒去過那個州）……」

在我們的研習班上，我們也聽到學員說起他們跟某位特定人士進行的特定對話，然後他們講了二十分鐘才說，那個人已經去世，或者已經離開公司多年。或者，彼此已經不再往來。如果你只是偶然見到某個人，根本不知道他們的名字，日後也找不到他們，那麼反思跟這些人的對話就沒有意義。這些人不是真實的，至少他們不是「可活用」的例子。他們妨礙你真正去反思你所重視的真實對話。雖然這種反思非常困難，但用於反思的對話必須是真實對話。

EXERCISE

練習②×找出陷入僵局的對話：

第一部分：失控的對話

選擇一次跟讓世界變得更好有關，結果卻未如你所願的真實談話。也許你只是沒有達到目的。也許對話結束後，你發現對話結果或彼此的關係讓你感到不安。先從練習1裡的清單2去找，但一定要選擇真實對話。

真實談話是指：

- 與某位有名有姓的人進行的對話。
- 發生在特定時間和特定地點。
- 是近期的對話，你會想起這次對話內容，對方還活著，也還出現在你的生活中。你會見到（或者主動迴避）對方。你可以跟對方聯繫（或者對方知道怎樣聯繫你）。
- 對你很重要，很要緊，值得好好反思，產生新的結果。

打開你為這本書準備的筆記本，針對某次真實對話回答以下問題：

- 這次對話對象是誰？
- 你跟對方是什麼關係？
- 你為什麼重視這次對話？
- 你想要達成什麼目標？
- 對話發生在什麼時間？什麼地點？
- 到目前為止，這次對話都說了些什麼？

把對話內容寫下來。請注意，我們的記憶常有偏差也不完整。你可以閉上眼睛，想像當時的情景，盡可能仔細聽聽自己說了什麼和聽到什麼，並逐字逐句記錄下來。

這個練習非常重要，因為它是我們要求你進行的所有反思的基礎。

如果你想起不止一次的對話，你就可以重複上述步驟，找出幾次失控對話，如果你因為想起太多對話，而想略過某次對話，那麼你可以回頭看看我們先前提過、關於逃避大師的提醒。

第二部分：從未發生過的對話

在練習第一部分裡，我們請你回想未如你所願的對話，儘管你記得這些對話，但你回想起來的內容也只是其中一部分。先前在練習1的清單3中，我們也要求你回想自己有意迴避的對話。

想想你刻意避免許多你關切的對話，這樣做其實無濟於事。而且在避免談論引起對立的話題方面，你已經練就一身功夫，你甚至已經忘記那些你曾經刻意迴避的眾多對話。在這類對話裡，你如魚得水，懂得左閃右避，所以往往無視它們的存在。

現在，包括在接下來這一週裡，把你刻意迴避的對話記錄下來，你可以隨身攜帶一本小記事本，或使用手機錄音功能，也可以隨時傳送一封電郵給自己，以便迅速記錄這類對話。

舉例來說，假設你關心為你提供食物的海洋和農田，有時你會問這樣的問題：「這魚是哪裡捕撈的？」或者：「這是有機食物嗎？」現在，注意你在怎樣的場合不會問這類問題。當你問這類問題時，你身邊的人或機構很可能已經在這方面達成共識。而當你迴避這些問題時，是因為這類問題可能讓你不自在。（不過，這也是對話有可能真正產生影響的場合！）

注意一下，你在什麼時候，看到人們做出你認為會對社會產生負面影響的行為（譬如發表性別歧視的言論或亂扔垃圾），或你覺得人們沒有抓住他們原本可以發揮正面影響的機會。那麼，在什麼情況下，你會跟他們談論這件事？又在什麼情況下，你會刻意避免跟他們談論這件事？

當你在特定人群中，在什麼情況下，你會（或不會）談論你重視的話題？注意，你是否經常跟某些朋友或家人討論政治話題。而對某些人，你會避免談論同樣的話題？

把上面這段話裡的「政治」一詞，換成你在意的其他話題，例如：「靈性」、「育兒」或是「你的工作」。你會跟誰談論你最在意的話題？不會跟誰談論你最在意的話題？

當你收集完一系列你曾經迴避的對話後，從中選出一個你認為重要的對話，然後回答第一部分的問題，因為這些問題跟你挑選且刻意避免的對話有關。

我們的目的是協助你檢視這些陷入僵局的對話，並藉由支持**真誠對話**來打破僵局。為了說明這麼做為什麼是對的做法，我們會先考慮其他做法，我們把這些策略分為兩個類別，一是**高壓政策**，一是**換個說法**。

高壓政策無法幫你強化彼此的關係

在對話陷入僵局時，我們想到的很多做法都可以歸類為「高壓政策」。也就是說，在不與對方發生密切聯繫的前提下，透過語言或行動就能幫助你達成目標的方式，這些做法包括：

- 越過對方，直接找能影響情勢的人對話，或者找對方的上司談。
- 透過重新分配資金或其他誘因來威脅對方。
- 等待，直到對方失去影響力，或等到相關事項不再重要。
- 集中火力在重點事項上，放棄某個事項，把時間、資源和政治影響力轉移到另一個事項上。
- 放棄，因為你看不到任何改變的可能。

我們無法在這本書裡詳細討論這些策略。如果你覺得這些策略適合處理你的狀況，你可以閱讀其他可以協助你駕馭權力和有關政治的書籍。

但是，要是你覺得這些做法對你的狀況沒有什麼幫助，或者不足以讓你達成目標，那該怎麼辦？你就可以問問自己，下面狀況是否就是你的處境：

- 你沒有可運用的權力，也缺少資源和權威。
- 你不希望剝奪對方的權力。
- 你不想放棄，因為事關重大又很緊急。
- 你想分享自己的價值觀，藉此激勵他人。
- 你就是非常關心對方。
- 你想透過創意對話，尋找更好的解決方案。
- 你抱持的是少數人的觀點，或者你想激勵他人支持你的理念。

如果你的情況符合這些標準中的幾項，那麼你可能會對另一種不同做法感興趣。儘管你可能想把權力和影響力策略當成備用工具，但你更傾向於採用能讓雙方參與，強化彼此關係，又能達到更好成效的做法。

在不熟悉又對立的情況下換個說法打破僵局

可能會遇到的另一組選擇是，以更微妙的方式影響他人，這種做法當然有其利弊。我們將這些做法稱為「形塑」（framing）或「轉換」（translation）。舉例來說，許多書籍和顧問都告訴我們，企業理念要支持多元化、永續發展和善盡社會責任。他們認為能夠友善對待婦女、少數族裔、同性戀、雙性戀和變性者的企業，能夠獲得更多優秀人才。他們要求我們展現藉由推行「環保」，而降低成本，而讓企業財務績效得以提升。他們說明社會責任如何提高員工的參與度或忠誠度。

這些做法大多源自語言學家喬治・萊考夫（George Lakoff）的研究。萊考夫研究政治運動所用的語言和構想。他認為，我們應該善用「框架」和隱喻，讓目標看起來跟他人的價值觀相符。我們應該用對方的「語言」來溝通。這些策略非常有用，是解決問題不可或缺的工具之一。

以下，我們舉一個例子說明何謂「預設框架」：為了寫這本書，我們訪談約翰・弗雷（John Frey）這名學員。他在惠普企業（Hewlett Packard Enterprise）研究永續發展策略，負責跟客戶接洽，協助客戶使用惠普企業開發的解決方案，幫助客戶善盡社會責任和保護環境。早期，客戶會邀請他去做簡報，介紹惠普企業如何處理這些議題。他會分享惠普企業的慈善事業，以及在減少碳足跡方面所做的努力，希望惠普企業的努力能激勵客戶。

> 我開始做這些簡報，就發現很多人漸漸心不在焉，有些人開始寫電郵，有些人快要睡著了。我一邊簡報投影片，一邊心想：「這裡究竟是怎麼回事？怎麼會這麼慘？」顯然，我滿腔熱情……（可是）為什麼我沒辦法讓他們對我熱衷的事情感興趣呢？後來我反思此事，突然恍然大悟，我對自己說，我當時根本是在雞同鴨講，難怪他們不專心。

這次經驗促使約翰重新思考自己的做法，他開始全天候地旁聽客戶的工作會報，藉此深入了解和把握客戶面臨的特定挑戰。他提問並傾聽，也根據客戶的特定需求，形塑自己要傳遞的訊息。

當我這麼做，人們開始對我的簡報感興趣……我們不僅使用他們熟悉的語言交談，我還會提到他們的商業計畫並說：「你們的商業計畫書裡列出，你們面臨這項挑戰。現在，讓我說明一下，我能在這方面幫助你們解決那項挑戰。」……我這麼說，讓他們覺得更親切也更可信。這樣我就能讓他們知道，原來他們從沒想到有些事情跟永續發展有關，而這些事情也能為他們創造價值。

在這本書裡，你會看到很多這類激勵人心的實例，人們正在做這種轉換工作。你可以研究和模仿這些有效做法。約翰在惠普企業內部培訓整個部門，教他們先避開永續發展的說詞，改用他為惠普企業針對「效率IT」特別設計的語言和品牌行銷方式。

或許你發現形塑意念這種做法很適合你，我們也鼓勵你試試看。不過，這種轉換和形塑的做法常常遇到下面這四個問題，尤其是在對話產生歧見，無法進行下去時。我們會在第5章和第7章裡，再次討論「形塑」這種做法。不過，這種做法並不是本書討論的重點。

當我們為了迎合他人的目標，而重新形塑我們的工作計畫時，會遇到的第一個問題是，**我們**

並沒有真正關心他人的目標。比方說，我們知道我們**應該**將能源效率形塑成降低短期成本的做法，但我們真正關心的卻是防止氣候變遷。發生這種情況時，我們提出的工作計畫可能顯得虛假不實，想要在適當框架下，即時說出適當的話，也幾乎變成不可能的事。

第二個問題是，別人可能不會相信我們精心構思的主張，因為他們懷疑我們故意隱瞞一些事情。他們可能對我們或我們所屬組織的主要動機，**抱持一種不信任感**。人們往往能察覺到，別人正在用伎倆操控。

第三個問題是，如果聽眾不相信我們精心構思的主張時，我們會**飽受挫折**。我們會激烈爭辯，或是因為害怕出現這種局面而徹底放棄溝通。結果，我們往往退回到原本熟知的「對唱詩班傳教」的模式，跟志同道合者談論「那些人就是不懂我們在講什麼」。

第四個問題是，我們可能不知道該使用哪種框架來形塑我們的訊息，因為以前沒有人做過這種特定轉換。我們可能認為，我們了解民主黨人、共和黨人或財務長們基本上都關心什麼，但我們沒有做過這類調查。或者，我們的嘗試可能達不到預期效果，因為我們並沒有為在特定處境下的個別組織或個人設計一套說詞。

這本書的宗旨不是要協助你設計一套話題腳本回應各種主張。我們在作者序裡提過，打破僵局不是要「找對事情說」，而是要做出更根本的轉變，改變我們當下的**狀態**，擺脫束縛，採取有創意又真誠的新做法。

從「真誠」開始做起

我們必須以新的觀點來看待「真誠」（authenticity），這是打破溝通僵局過程中的一個關鍵步驟。當我們跟他人展開真誠對話時，我們就能往創造更美好的世界前進，那是超乎我們想像的美好世界。不過，要進入那樣的世界，我們必須知道讓對話落入預期陷阱模式的**不真誠**出自何處，並正視這些關鍵點。我們寫這本書的目的就是，幫助你避開這些危險。

我們會在第2章詳細介紹真誠。在大多數情況下，人們會用「真誠」一詞描述一個人的行為從過去到現在都是一致的。遺憾的是，正是這個想法讓對話陷入僵局。它讓人落入一種可預期的模式，不斷重複過去的歧見與衝突。我們會協助你體驗真誠的另一種概念，以我們的行為跟我們想要的未來呼應為依據。要打破固有模式，我們必須向他人和自己坦承，我們一直以來在哪些方面不夠真誠。然後，我們才能展開跟我們的價值觀一致的新對話。在後續五個章節裡，我們會引導你透過一系列步驟做到這一點。

可能的結果

想像一下，如果人們認為維權人士和倡議人士很真誠感人、開放接納、鼓舞人心、有說服力、既善良又有同情心。我們認為，他們宣揚的社會變革與環境變革運動，就可能展開新的對話。屆時，我們推動的種種改革運動就會造福所有相關人士，甚至可以因此利益眾生。發生這種情況時，我們所做的努力就會受到歡迎，也會隨之普及，發展到可以創造我們所要世界的特質與規模。

在整個過程中，我們也能增進我們跟生活中最重要人士之間的關係。然後，這些擴展出來的關係就成為我們實現變革的基礎，也成為我們力量的來源。我們在工作上經常看到這種驚喜結果，我們也已經見到這種療癒和成長，能為孜孜不倦的倡議者提供亟需的養分。

一切就從自省做起。正如我們在本書〈前言〉所言，這本書將是一場旅程，每一章都是一種經驗的探索，需要你去探索、發現和改變你重視的對話。如果你能完成其中的練習，那麼你很快就能善用對話的力量。

本章摘要

- 我們對於全球重大問題的性質或該怎樣解決這些問題的解決方式，都極度缺乏共識。

- 每個行動方案和問題解決方案都有一個共同點就是：我們必須跟人們對話。

- 有關重大問題的對話常常陷入僵局，這表示我們重複進行（或一再迴避）無法實現所欲目標的對話。當我們關心某件事情，但相關對話卻進行不下去時，這種情形就會產生不利後果。

- 打破僵局的做法包括高壓政策和調整說法。這本書的討論重點則放在：真誠對話創造更美好世界的力量和可能性。

- 做練習：選擇近期發生的一次真實談話，在後續章節做進一步的反思與探索。

Chapter 2

真誠——打破僵局的關鍵

(In) Authenticity

The key to getting unstuck

我們把真誠當成這場探索之旅的核心，這樣做冒了很大的風險，因為我們的世俗文化以「真誠」表示許多不同的東西。正如一位讀者所說：「連教宗方濟各（Pope Francis）和唐納・川普（Donald Trump）都能被他們的粉絲說成是『真誠』，我再也不知道這個詞究竟是什麼意思了。」

現在，我們先停下來想想下面這個問題，做一些筆記：對你來說，真誠的對話是什麼模樣？

EXERCISE

練習③ × 對你來說，真誠意味著什麼？：

- 在你的生活中，你認為哪些人是「真誠的」，為什麼？
- 他們說過什麼或做過什麼，讓你覺得他們是真誠的或是不真誠的？
- 你認為是什麼讓對話變得真誠？
- 你說過什麼或做過什麼，讓你覺得自己是真誠的或是不真誠的？

大多數人對「真誠」的定義就是，說出心中所想、採取明確立場，以及言行始終一致的傾向。身為維權人士，我們學到關於真誠的定義是篤定、堅持和無悔。如果我們感受到絲毫的矛盾或猶豫，我們就會保持沉默。

雖然篤定的態度在電視辯論中有其必要，但也有其侷限。這樣做會在我們跟他人之間的關係產生摩擦，也會減少對話、學習或創新的機會。從更大的範圍來看，這樣做會讓一些最激進的維權人士之間產生歧見，而我們當中大多數人則繼續保持沉默。

這種真誠是以與過去一致為基礎。事實上，牛津字典裡對「authentic」（真誠）這個字列出的頭兩個定義就如此形容：「用傳統的或原始的方式，或是以忠於原型的方式製作和進行的」，以及「以準確或可靠的事實為根據」。所以，我們認為「真誠」的人，其言行就如同我們過往見聞其言行一般，或者說跟他們原本的言行如出一轍。這種做法有時是好事。你做出承諾要支持某個社區、組織或某種理念，而你一直堅守承諾。人們可以指望你，仰仗你，你言出必行。從這方面來說，跟過去保持一致，對你保持誠信和維繫既有關係是重要的。

跟過往言行保持一致反而讓你陷入僵局

跟過往言行保持一致的問題在於，可能會妨礙你創造新的未來。這樣做會讓你陷在重複的對話和行為模式裡。你多常發現自己反覆爭辯同樣的事情，聽到自己使用同樣的措詞，講述同樣的故事？如果你仔細想想這些「話題」的出處，你就會發現，你只是在重複過去的對話。這類對話可能來自父母、兄長、朋友或同事、是你讀過的文章或聽公眾人物說過的事情。這就是導致對立和僵局持續存在的原因之一。

要是你有過新的體驗，學習新的資訊，遇見挑戰你觀點的人，會發生什麼事？在這情況下，固守過去的模式就會讓你無法真實地表達自己。或者，如果你發現自己一直以來的對話，沒有產生想要的結果，為什麼會這樣呢？也許，你的對話不夠充分，或是沒有跟你想要創造的未來相呼應。那麼，與過去保持一致就可能對你支持的理念造成妨礙。

簡單講，這種根據過去來定義「真誠」是釘住不動的，或者說是「**靜態**」（static）的。現在，我們撇開靜態真誠不談，想想**動態**真誠這個定義。

動態真誠才能跟未來保持一致

你可能會問，我們（傑伊和葛蘭特）是什麼人啊，憑什麼告訴你如何展現真誠？我們是相互衝突的態度與慾望的集合體，我們想要長遠地解決方案，**同時**又希望立即見效。我們想讓地球上的每一個人都能幸福安康，**同時**又想把破壞環境的人趕出這個星球。我們希望建構均富的社會，**同時**也希望個人富裕。我們想要下定決心展開行動，**同時**又想在強迫和獎勵下做正確的事情。我們想讓人們若無必要就別再開大車，**同時**我們又喜歡養狗，而狗會產生大量碳足跡，因為狗吃肉和加工食品。

如果上述內容讓你會心一笑，或者你覺得我們坦承自己的矛盾，而讓人覺得更加親切，那你就注意到這本書的一個基本前提。當我們把這些矛盾表達出來時（我們的內在衝突往往是隱藏在內），我們就創造一個不同的場域。我們暴露自己的弱點和成長過程，對話隨即也被我們的內在衝突喚醒。

奇怪的是，這樣做沒有那麼難。我們是人，人都很複雜。我們都擁有強大的能力去愛、去理解和鼓起勇氣。我們也都深深希望停留在安全的狀況下，見好就收。我們避開繁重的工作，卻攀山越嶺尋找樂趣。我們批評別人苛責他人，然而我們自己正在做同樣的事情。我們努力想贏、想主宰和控制，同時我們也期待有歸屬感、被人理解和被愛。

事實上，當人們能夠突破政黨路線，一起發展和創新時，一種不同的真誠就發揮作用。這種真誠是動態的，也是鮮活的（見表1）。想像一下，你不再忠於原來的自己，而是忠於你的成長，因為你不知道自己將來會是什麼狀況。想像一下，你不再忠於過去，而是忠於你真正想要的未來。想像你持續探索，而非安於現狀。想像你跟他人對話，不管你以往是否認同對方的看法，你只是想著你們都是人，可以一起創造未來。這種動態真誠更像是牛津詞典對「authentic」所做的第三種定義：關於或表示（在存在主義哲學裡）一種在情感上得體的、有意義的、有使命感和負責任的生活方式。

表1：靜態真誠與動態真誠的對照

靜態真誠	動態真誠
表達我的想法	分享我個人的體驗以及從中獲得的見解與看法（可能每次都不一樣）
與過去一致	跟你想要的未來一致
所有言行都與核心的、永久自我特質一致	與學習、發現和成長的過程一致
對立勢必存在	承認矛盾和創意衝突，但勇於探索不確定性
固執己見，對他人的影響和批評都不為所動	願意改變並對學習保持開放的態度
不道歉	承認我們在哪些方面沒做到我們所想成為的那種人

以這本書的宗旨來說，我們可以對「真誠」做出下列定義：

「真誠」意指努力與你想要創造的世界保持一致，同時坦承自己的不一致之處。

注意，你對這個新想法有何反應。當你開始思考以成長和不可知的未來為導向時，你感覺到什麼？當你想像人們暴露出自己的矛盾和弱點，並且承認自己的不真誠時，那會是什麼感覺？你可能會被這種想法吸引、啟發、並感到興奮。

同時，這種不確定性也可能讓人害怕。當我們認為真誠是靜態的，那麼真誠就表示我們了解自己。而動態真誠卻牽涉到不了解自己，也不知道自己日後會變成怎樣。身為人類，我們往往會對模糊和不確定感到不適。所以，你可能會主動逃避這類體驗。如果這種想法讓你感到不適或不安，那也沒關係。你可以把這種不適感當成表示你正在體驗生命的一種跡象。不適感本來就是成長和探索未知世界所不可或缺的一部分。

EXERCISE

練習④ × 對你來說，真誠意味著什麼？（接續前一個練習）：

回到練習3，看看你先前對真誠的理解。

在你寫下的特質中，哪些跟過去有關？

你有提到符合標準，真誠或一致嗎？如果有，那是合乎什麼標準？根據什麼來認定真誠？又跟什麼一致？你是否提到真誠就是以事實為主？跟原先　致？是符合過去的那個你嗎？

這些都是字典中對於「真誠」所做的一般解釋，而且都跟過去有關。

現在，我們來看看動態真誠這個想法。它吸引人嗎？它讓你不舒服嗎？還是兩者都有？

回想一下，當你說出自己的想法和意見，卻沒有得到你想要的結果。假如你知道你沒有掌握所有資訊，而且你的想法還會隨著你的學習和成長而改變，那麼，你會如何分享你的故事和你視狀況而定的看法呢？

假如你知道，就連你對自己過去的看法，也會隨著你的學習與成長而發生改變，這時你會如何講述自己的故事，說自己是怎樣的人？

在你的生活裡，誰具有動態真誠？為什麼？

最近哪次對話讓你現在回想起來，發現其中表現出動態真誠？當時說了什麼？是誰說的？你在對話當下和對話過後體驗到什麼？

動態真誠的基礎在於一個關鍵悖論：**承認我們自身的矛盾，就是通往真誠的途徑**。我們會在後續章節探討和體驗這一點。如果動態真誠跟與我們想要的未來一致有關，那麼，我們擁有的一個成長機會就是，找出我們與未來的不一致之處。

動態真誠是一種團隊合作

在後續幾章裡，我們將引導你找到這些不一致之處。我們會要求你回想一下，在你努力吸引他人關注你重視的議題時的情景。我們也會要你回想你的行動、言語或**當下的狀態**，在什麼時候未能達到你的期望。這些場合能透露出哪些你尚未發現的內在矛盾？找到這些**不真誠**的時刻後，我們就能創造一個機會，更充分有力地表達自己。

當我們這樣做時，原本不可能發生的結果就變成可能。我們的內在自我不是讓我們跟他人有隔閡，而是讓我們彼此關係更緊密！我們分享彼此的不完美，也知道彼此都充滿矛盾，所以我們一笑置之。然後，我們就能創造一個嶄新的場域，讓為了創造更美好世界而努力和令人耳目一新的真誠談話，全都成為可能。

不過，想要獨自進行這個練習非常困難，因為在沒有他人幫助的情況下，我們往往看不到自己的矛盾。我們在本書〈前言〉裡提過「認真玩」這個概念，也說過這項練習需要結伴完成。我們需要朋友幫助我們反思，他們舉著一面鏡子，讓我們看清自己如何進行充滿挑戰的對話。

如果你還沒有找到這位搭檔，我們強烈建議你找一位朋友、同事，或者找幾個人跟你一起完成整本書的練習。邀請某人來當你的教練，他（她）能迅速發現你落入的陷阱，並能直言不諱地指引你完成這場旅程。你的教練甚至會同意加入你的行列！你們可以講好，互相幫助對方打破僵局，只是這個結果是發生在各自的生活裡。

根據我們的經驗，真誠是在對話中逐漸發展出來的。我們播下承諾追求更好結果的種子，在同伴的幫助下讓種子生根發芽，開始探索和暴露出我們的弱點。然後，我們破土而出，進入新的場域，用新的方式展開艱難的對話。如果我們堅持下去，我們就能享受彼此理解和創意成效的美好成果。

EXERCISE

練習⑤ × 挑選一個搭檔：

首先，列出清單寫下能陪伴你愉快看完本書並進行練習的人。你可以想想下面這幾個問題：

- 誰願意聽你談論你非常在意的事情和話題，即使他們未必認同你解決問題的方式？
- 你願意聽從誰的意見？
- 你信任誰，願意讓他（她）聽到你陷入對話僵局和遭遇挫折的細節？
- 誰會直言不諱地對你說出他（她）的想法？誰敢當著你的面，說出他（她）對你的態度和行為有何看法？誰會質疑你對事件的解讀？誰推薦你看這本書？

- 對於你所面臨的挑戰，誰可以置身事外，不帶感情地幫助你思考？（比方說，如果你想在自己家裡做出改變，在選擇配偶做搭檔前就要三思，如果你想在工作上做出改變，在選擇上司做搭檔前，也要三思。）
- 誰可能從學習善用對話的力量獲益，藉此應對這個充滿對立的世界？

接下來，選擇一位或幾位搭檔，推薦他們看這本書，邀請他們跟你作伴練習。譬如說，你可以告訴他們，你想要更有效地談論你在意的棘手問題，而且你需要他們的協助與指點。

然後，你們需要做出一些協議，說明你們會在練習過程中如何協助對方。以下是一些建議：

- 坦誠相對，互相挑戰。如果你聽到搭檔開始賣弄或說一些不公正的話，或者做出主觀臆測，這時就打斷對方並指出問題。
- 為彼此負責。如果你聽到搭檔只會空談或抱怨，沒有採取行動，這時你就要鼓勵對方採取實際行動。一起訂定做出行動的最後期限。
- 有同情心，而且堅持不懈。如果你發覺自己或搭檔灰心喪氣或不想再做下去，那就休息一陣子。然後，開始練習新的內容，而不是完全放棄對話這件事。

我們建議你跟搭檔擬定的協議，應當清楚明確，但不必固定不變，可以隨著學習歷程隨時增加或修訂內容。

本章摘要

- 在大多數情況下，「真誠」用於形容人們表現得跟他們過去的信念、看法、行為和文化認同相一致。這種定義是靜態的，有可能讓對立和僵局繼續存在。

- 我們希望你的言行能跟你真正想要的未來一致，而不是與過去一致，同時展開一場學習和成長的過程。這就是我們所說的「動態真誠」。

- 動態真誠的關鍵是坦誠，承認自己的不一致和衝突。通常，在彼此信任的關係裡，最容易做到這一點，然後再嘗試擴大到其他情境中。

- 做練習：找一位朋友、同事，或找一群人跟你一起完成整本書的練習。前提是，這個（群）人能迅速發現你落入陷阱，也能直言不諱地告訴你。請這個（群）人當你的教練，並且提議角色互換。讓你也當對方的教練，一起學習、成長。

Chapter 3

明白自身狀態造成的包袱——對話的潛在障礙

Know What You Bring

The hidden baggage of conversations

在我們自己的經歷中，在我們與倡議分子的對話裡，在為渴望成功的領導者開辦的研習班上，我們總是再三發現同樣的模式。當有人做了某件事，跟我們十分在意的事唱反調而惹惱我們時，我們就會用某種特定方式展開對話。

以下是傑伊經歷過的一件事情：

> 我去地下室的儲藏室裡拿東西，發現燈開著。我小聲埋怨並關上燈，然後上樓走進廚房，看見老婆在洗碗。我雙手交叉胸前對她說：「有人沒把地下室的燈關掉。」

我們把畫面定格在這裡，看看在這種情況下，究竟發生什麼事？傑伊剛剛描述的是一場對話的開始。他已經傳達出一些你會在電視裡看到或聽到的內容。看完上面這段話，你可能已經猜出傑伊心裡的不少對話：「真浪費電（也浪費錢和碳排放）。有人（可不是我！）沒關燈。我倒要看看是誰這麼做，我要教教他（她）為什麼這樣做很糟糕，這樣他（她）以後就不會再這麼做了。在這個家裡，總是由我捍衛環保理念。」這些內在對話集結成他剛剛說過的那句話，而他表現得好像老婆完全沒有環保意識似的！

> 我老婆馬上苦笑地反諷說：「哦……『有人』每天早上沖完澡都不關燈，你知道嗎？是我把燈關上的。」

傑伊的老婆是怎麼看待此事？是什麼讓她窺見傑伊的內在對話？有部分原因是，他們已經結婚十幾年，這些模式早就司空見慣。而且，她也預料到傑伊接下來會跟她說教，講一堆跟節約能源有關的事。傑伊已經製造一種對話模式，讓老婆猜想到他在說什麼（並做出適當回應！）。但是，傑伊這麼說時，也表達一些其他東西，那是一種立場、語調或措詞。雖然沒有直接指責，但他仍然拐彎抹角地表達他的指責。

除了他說的話，傑伊也表現出他當下的**狀態**：批判他人、自以為是和被動攻擊。這種狀態會引發兩個問題。首先，這麼做不可能有效地讓傑伊的老婆關心對話本身，也很難確保日後傑伊的老婆就會記得把燈關掉。這麼做輕則激怒老婆冷嘲熱諷他的壞習慣，重則雙方為此事大吵一頓。

其次，從更深入的層面來看，自以為是也沒有跟傑伊想要創造的世界相呼應。當傑伊和老婆跟小孩說起他們的價值觀，以及他們對小孩的期望時，或者當傑伊為所屬組織制定內部章程時，他支持什麼理念呢？他通常會說，人要謙虛，要有同情心，要關心他人，要愛護環境和大自然。但在日常生活中，他卻沒有做到尊重他人，還讓對話陷入僵局。

對於致力於推動社會、環境和政治議題的倡議人士來說，這可是一個大問題。我們常常表現出自命清高、自以為是、僵化教條或高人一等。我們花許多時間告訴他人該做什麼，不該做什麼。我們太過關心接下來可能發生的災難，而沒有好好關切對於我們想要創造的未來，我們做了什麼。這種做法既不吸引人，而且坦白說，也非常無趣。儘管如此，我們卻訝異為什麼人們沒有積極響應我們提倡的理念。最後，我們就會跟自己說那句老話，「他們就是不懂。」最後，我們發現自己百般挫折又心煩意亂。

在這一章裡，我們會處理這個問題：我們的狀態跟我們想要創造的未來一致嗎？

我們的狀態跟我們的內在對話息息相關

我們如何看清自己當下的狀態？在水裡悠游的魚兒感覺不到水的存在。同樣地，我們往往也不了解自己的狀態，不明白它如何塑造我們的行為，以及如何決定他人對我們的反應。

在前面這個故事裡，傑伊當時並不清楚自己的狀態。有兩個因素一起發揮作用，讓他在事後更了解當時的狀況，甚至能夠描述出自己當時的狀態。第一個因素是，他老婆察覺到他的狀態。這麼說是因為她指出類似情境下可以採取的另一種狀態，就是只採取實際行動，幫忙把燈關掉（不批判也不說教）。第二個因素是，傑伊花一些時間回想剛才的事情，檢視自己在這個過程中的想法，也就是說，他做了反思。

這裡要講的重點是：要察覺我們的狀態必須付出努力，也要有勇氣放下身段，這是非常重要的技能。我們的狀態會影響我們做什麼（包括我們說什麼），也決定別人做什麼和說什麼來回應我們。而這些行動和對話又會影響到我們的世界。這個過程如圖1所示。

在第1章裡，我們分享過惠普企業員工約翰・弗雷的故事。約翰改變自己的做法，在推銷公司永續發展服務方面獲得佳績。這則故事最重要的部分不在於，約翰採用新**說法**來推銷公司的服務，而在於他改變自己的**狀態**，才得以想出新框架，換一套說詞。

約翰開始明白自身狀態對觀眾的影響。過去，他在跟客戶簡報時，慷慨激昂且自豪地講起惠普企業的成就，但他發現這樣講只是讓客戶開始分心。於是，他調整自己的狀態，轉而注重調查和建立連結。此後，關於如何跟客戶互動的一系列新想法就自然而然地出現了。行動也隨著狀態而產生。他傾聽客戶面臨的挑戰，研究客戶的商業計畫，協助客戶解決**他們的**問題。透過這些努力，他實現公司致力於事業成功和永續發展的目標。同時，他也創造一種能夠傳授他人的新表達方式或對話。

察覺我們的狀態並非小事一樁。它牽涉到檢視我們的內在感受，以及我們讓別人作何感受。它既包括自省，也包括同理心。發展心理學家表示，這種過程是個人成長的關鍵，我們找到內心深處隱藏的狀態並努力解決。它是我們自我實現的基礎，是我們追求更

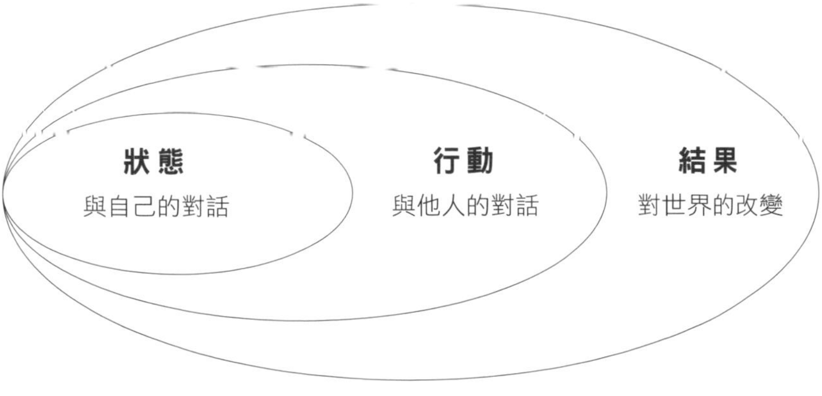

• 圖 1：我們的狀態會影響我們的行動和獲得的結果

明智、更覺察、更有能力也更自由的旅程之根基。與此同時，覺察自己的狀態也充滿艱難和痛苦，因為我們必須正視自己的弱點。

那麼，我們如何才能了解自身狀態，最後能夠改變我們自己的狀態呢？在與他人對話的過程中，我們的狀態會從我們與自己的內在對話中浮現出來。你跟自己持續進行的內在對話，會影響你給別人的感受。

現在，先把書放下來，暫停一下。聽聽你正在跟自己說些什麼。

停下來，專心聽。

你可能會想：「跟自己說話？我沒有在跟自己說話啊。我沒有必要做這個步驟，所以我可以繼續看下去。」這就是我們所說的內在對話。

內在對話是我們和他人對話發生前，對話過程中，以及對話結束後在心裡浮現的聲音。不同訓練給它取了不同的名稱。你可能聽過有人提到要反思他們的「內在獨白」或者「意識流」，或比喻為「觀察思維過程」。你心裡正在出現一些想法，而這些想法可以被稱為某種聲音或某些聲音。

你跟自己的對話造就你的狀態。我們的想法和感受製造出一種內在狀態。這種狀態又讓我們在跟他人對話中形塑出語言動態和非語言動態。而且，無論我們能否順利跟他人分享我們的價值觀、願景和行動方案，我們的對話方式都決定我們最終能獲得怎樣的結果。一旦我們察覺到自己的狀態所造成的影響，我們就會開始想辦法來擺脫束縛。我們可以創造新的狀態，展開新的對話，這樣就能產生新的結果。如此一來，我們就進入一個讓我們與本身最崇高志向真正達成一致的過程。

我們的狀態是共享的

在本章和這整本書裡，我們會幫助你認清自己的狀態，以及你跟自己的對話。在這個過程中，我們將利用一項重要事實，那就是，儘管這個探索過程看起來好像侷限在個人私密的反思，但實際上，這個過程並非專屬於個人。

先前傑伊跟老婆的對話故事，會讓你心有戚戚焉嗎？你是否發現自己在批判他人、自以為是或做出被動攻擊？很可能你也有這樣的經驗。畢竟，我們都是人，都遺傳某些狀態。我們跟自己和跟他人的某些對話，已經持續很久。當我們出生在某個特定文化時，當我們參與像社會正義或永續發展這類涉及層面更廣的議題或活動時，我們都在共享這些狀態。在追尋更美好世界的過程中，我們遇到的許多陷阱，讓我們的談話陷入僵局，這些都是我們共同擁有的經歷。而且，有的經歷甚至已經變成老生常談。我們發現自己在扮演維權人士的角色，時而頑強表態、魯莽急躁，時而憤世嫉俗、聽天由命。

我們已經在許多國家、種種場合跟不同社群開辦研習班。在研習班裡，我們要求學員反思進展不如預期的對話，或是因為擔心對話進展就避而不談的對話。以下是學員們描述的一些情況：

- 一名員工想說服公司財務長，公司有必要投入資金與人力，善盡社會責任並做好環境保護。
- 一位女士想說服她的母親尊重同性戀者的權利。

• 一名年輕男性向質疑他的父母和祖父母，解釋他選擇的職業和他想改變世界的志向。

這些對話非常重要，它們有可能激勵他人採取行動，支持我們想要追求的重要目標。遺憾的是，這些對話往往因為衝突、受挫或放棄而陷入僵局。在許多情況下，對話甚至還沒開始就結束了。

「當對話陷入僵局時，你當時處於什麼狀態？」在研習班裡，我們提出這個問題，並收集學員們的反應。見圖2所示就是我們聽到的答案。

想像一下，你搭上長程班

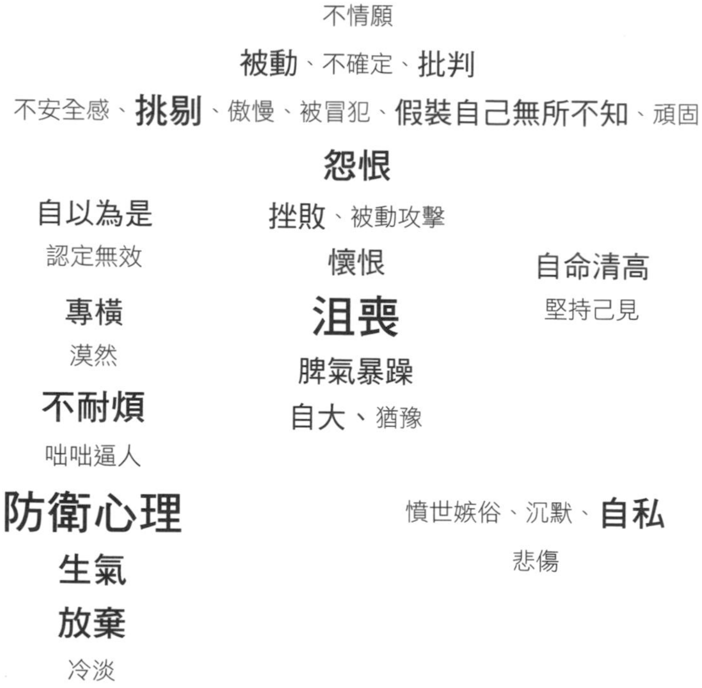

• 圖 2：當對話陷入僵局時，人們會出現怎樣的狀態

機，旁邊坐了一位處於上述狀態的人，你會想跟他（她）說話嗎？還是說，你會跟空服員要一副耳機，假裝要小睡一會兒？這些措詞是對話受阻時，我們自身的狀態，也透露出一個問題。

現在，再看看這些措詞，想像一下，在接下來的對話中，你的感受就跟這些措詞一樣，或是我們給別人的感受是那樣。那麼，這種感覺好嗎？可能不好吧！所以，我們傾向於避免這種困難的對話，也就是避免跟價值觀不同的人對話。我們不想讓自己陷入這種處境，感受這種感覺，也不想讓別人這麼看待我們。所以，我們迴避困難的對話，同時也把創造美好未來的目標拋諸腦後。

這既是壞消息，也是好消息。說這是壞消息，因為在這些情況下，我們是自己最大的敵人。我們的狀態妨礙我們達成目標。一位在《財星》五百大企業上班的員工看到上面那些措詞後，自我解嘲地笑著說：「這看起來跟我的績效評估好像啊！」說這是好消息，因為我們透過努力就可以改變我們的狀態。如果把對話比喻為跳舞，那麼狀態就是舞曲。如果對話陷入僵局，你就可以換一首曲子來跳，有時，甚至可能在許多時候，別人也會跟著你起舞。這本書列出的練習將幫助你做到那樣。

除了透露我們的狀態外，上面這些措詞的另一個特點是，彼此間存在明顯的共通性。有些狀態會反覆出現，譬如：沮喪、防衛心理、怨恨、自以為是、被動攻擊和放棄。另一些措詞則密切相關，譬如：挫敗、堅持己見、自命清高和假裝無所不知。我們把這種共通性解讀為，我們的狀態是共通的，甚至可能互相感染。這些狀態是在一個共享的情境下產生，當時我們都困在現實世界和我們想要的未來之間，無法前進。

遺憾的是，這些狀態會影響他人對於我們身為倡議人士和維權人士的期待。多倫多大學心理學研究人員娜迪亞・巴希爾（Nadia Bashir）和她的同事們，使用一種線上調查工具，募集一個代表北美民眾的樣本。他們請受試者說出自己對不同社會運動維權人士的「典型」印象。表2即為受試者眼裡的「典型」環保主義者最常具備的特質。

● 表2：「典型」環保主義者最常具備的30項特質

喜歡抱樹	素食者	嬉皮	自由主義者	不講究衛生
激進	古怪	維權人士	有愛心	抗議者
反應過度	不時尚	自以為是	教育程度高	吸毒者
留長髮、蓄鬍子	堅決	愚蠢	聰明	狂熱
非傳統	熱愛戶外活動	有說服力	愛好動物者	偏執
樂於助人	民主黨人士	討人厭	瘋狂	不理性

看到這張清單，你可能會暗自竊笑，你可能從中看到你自己或你認識的人。在此，我們要說明的重點是，這些描述不是針對個人。在研習班學員反思出的各種狀態，以及上述文化研究顯示世人對維權人士的看法，兩者之間存在一種重要共鳴。

其實，這是一個好消息。藉由認清我們的狀態和我們所要創造的世界之間的差距，我們就能打破固有模式。同時，創造一個新的場域，產生新的對話和結果。我們將引導你透過某次具體對話，改變你本身的狀態，以及你和他人之間的關係，還有你所倡導的社會運動。我們將依照長久以來唯一有效的方式來改變世界，也就是每次只專注一次對話。

發現我們的內在對話

我們將引導你完成改變某次對話的過程。首先，重要的是，你不能只看書卻不做練習。回顧練習2，我們要求你回想沒有如你所願的一次對話，或是你因為擔心進展不順利而徹底逃避的一次對話。在繼續往下閱讀前，先找到這個對話完成練習2。

現在，你已經找到某次具體對話，也回想起當時的相關細節（對話的對象、時間、地點、以及說了什麼和沒說什麼）。這時，你很可能會問：「我當時應該怎麼說？我現在又該怎麼說？」在這個探索中，我們要問不同的問題。

首先，你要先了解你跟自己的對話。如果你跟某人的對話陷入僵局，那麼在那次對話開始前，在對話過程中，以及在對話結束後，你在想些什麼？如果你**逃避**某次對你很重要的對話，那麼真正發生的對話就只有你跟自己的對話！

EXERCISE

練習⑥ × 我們沒有說出口的內在對話

選擇你在練習2找出並寫下的一次對話。這次對話可以是未如你所願的對話，也可以是你一直逃避的對話。務必確定你選的對話**未完待續**、而且對你來說是**重要**的對話。

未完待續的對話是指，你覺得對話還沒有結束，或者問題還沒有解決，儘管對話已經過一段時日。而且，對話對象必須是你生活上會接觸到的人，你可以繼續和他（她）對話（而不是你在公車上看見的，你從來都沒有見過也不知道去哪裡找的人）。另外，這次對話應該很**重要**，你確實想要藉由對話達成某種目標。這個目標可以是某種具體結果，譬如：改變某個行為，或是讓你和對話對象的關係更進一步。

如果你選擇的是你一直逃避的對話，那麼你可以想像一下對話發生了，在你腦子裡想像對話會怎樣進行。

現在，按照下列指示反思這次對話。

寫出你沒有說出口的內在對話，你當時（或現在）有什麼感受和想法，卻沒有說出來？這裡提到的感受是最基本的感受，比方說：惱怒、難過、高興、擔憂和羞愧。想察覺這些感受，你可以試著感覺身體發出的信號，譬如：覺得心跳加速或臉部發熱。這裡提到的想法是指你對對話對象或者當時情境的解讀和判斷。把你能想起的所有事情都寫下來。

如果對話沒有如你所願地進行，你可以寫下你在這次對話前、對話過程中和對話結束後的想法和感受。如果那是你一直逃避的對話，就把跟那次未發生的對話有關的內在對話寫下來。

在我們的研習班上，學員被要求分享自己的內在對話時，做出以下回應：

- 你根本懶得把這件事情搞清楚。
- 解決這些問題，比對你和顏悅色更重要。
- 真不敢相信，你竟然這麼自私。
- 沒有什麼好辦法，讓話題繼續下去了。
- 你沒有說實話。
- 你根本不懂我在說什麼，你甚至沒有興趣搞懂我在說什麼。你已經打定主意，根本不在乎我說什麼。

• 你說你想要做到那樣，但你卻不願意採取必要步驟。

我們沒把這些話說出來是明智的，要是我們把這些話說出來了，對話更可能陷入僵局。同時，回想傑伊跟老婆針對地下室沒關燈的對話，老婆知道傑伊在想什麼。這些內在對話不再是祕密。其中一個原因是，這些對話，我們過去可能大聲說過。若是這樣，這些話就存在彼此之間，對方就能預料到我們要說什麼。而且，這些話還會從我們的非語言溝通中顯現出來。我們的內在對話會影響我們的態度和語氣，也就是我們的狀態。接著，我們就來好好研究一下狀態為何物。

EXERCISE

練習⑦ × 找出你當下的狀態：

退一步，檢視你在練習2和練習6裡的整個對話，想想你跟自己進行的內在對話。你會如何描述你在這次對話中的狀態？你會用哪些形容詞來形容？你覺得別人會怎麼看你？如果那是你逃避的對話，那麼想想如果對話發生了，你會給別人怎樣的感受？

了解自身狀態的另一種做法是，想像一個非常了解你的人，譬如你的配偶、知己、兄弟姐妹、父母或子女，他（她）看了這次對話的影片。想像這個人可以猜到你當時心裡在想什麼。那麼，**這個人會如何描述你的狀態**？

提示：你不必重新思考措詞，看看圖2那些關於狀態的措詞，從中找出能描述你這次對話狀態的措詞即可。

跟搭檔分享你做的反思，看看他（她）是否認同你對自身狀態的描述。

把對話寫下來。

現在，請你先停下來，使用練習2和練習6進行反思，這一點再重要不過。跟「我應該做什麼？」或「我當時應該怎麼做」這類問題相比，很少人好好探究「我當時是什麼狀態？」

停下來！

反思：你會如何描述你的狀態？

這個探究過程可能讓你感到尷尬。所以，你可以給自己一些空間，考慮一下、掙扎一下。先把書放下，好好想想這個問題，想出一到三個答案。

同時，跟你的搭檔一起練習。他們如何描述自己的狀態？記得要彼此坦誠，如果你發現他們在美化自己，你就要毫不猶豫地指出事實。

這個練習有點棘手的部分原因是，我們有自我批判的傾向，譬如：「我已經因為對話結果批評過自己了。現在，你還要讓我坦承自己難以啟齒的狀態？」

我們並沒有問這些狀態是好或壞，實際上，不將狀態歸類為對或錯，才能發揮作用。狀態就是狀態，批評自己批判他人，本身也是一種批判。更重要的問題應該是：你覺得這些狀態有效嗎？這些狀態跟你想要成為那種人一致嗎？跟你想要創造的互動和未來一致嗎？如果答案是否定的，我們希望你能擺脫束縛，嘗試一些新做法。

現在，你已經努力應付這個棘手練習。接下來，我們就分享找出自身狀態時，經常遇到的一些問題，以及克服這些問題的一些方法。

狀態可能很難發現

我們指導艾莉絲這位學員，她跟我們說，她一直逃避跟母親談論關於同性戀權利這件事。她說：「我母親每四個月跟我講一次電話，每次講講就吵起來。所以，接下來的四個月，我就不接她的電話。我的生活重心就是社會正義。要我堅持自己的價值觀又愛我的母親，根本很難，因為她討厭同性戀。」

我們請艾莉絲反思自己當時的狀態，她這麼做了，但她遇到困難，所以又找我們幫忙。她說：

「我認為我很樂觀。」當我們要她說清楚時，她說：「我樂觀地認為，我母親的看法會改變。」

我們問她：「妳母親會如何形容妳的狀態？她會形容妳是樂觀的嗎？」

她停頓一會兒後說：「不會，她曾經說我自以為是又愛批判。」

對此，我們要探討幾件事。首先請注意，艾莉絲在反思自己的對話時，傾向於掩飾、偽裝或隱瞞自己的狀態。跟艾莉絲一樣，我們往往也不會坦白我們說了什麼和想了什麼，因為這樣做太沒面子了。所以，我們只會大略提起自己說了什麼。想想傑伊那個地下室沒關燈的故事，他是這麼說的：「我小聲埋怨著，關上燈，然後上樓走進廚房，看見老婆在洗碗，我雙手交叉胸前對她說：『有人沒把地下室的燈關掉。』」

要是傑伊用這種方式描述這則故事：「我上樓告訴老婆，地下室的燈沒關。」結果會怎樣呢？這個說法仍然符合事實，但卻小心翼翼地避談他當時的狀態。

我們都很懂得如何在重述故事時，刪掉我們覺得不值得一提或沒有實際效果的狀態。在我們重述故事的過程裡，我們小心地掩飾讓對話陷入僵局的某些語言溝通和非語言溝通。用這種方式重述故事，我們就能讓自己顯得比對方好一點。但這樣做無法讓你改變對話，讓對話持續進行下去。

細節非常重要。看看你能多麼仔細、逐字逐句地回想這次對話？你究竟說了什麼，沒說什麼，讓你產生當下的狀態。好好想想，你最初的反思結果，是否掩飾你在對話中的真實狀態？

EXERCISE

練習⑧ × 說出口的對話：

回到先前你描述已發生的對話，由於你已經反思過自己的內在對話和狀態，現在問問自己：我如何描述當時的**所有**對話和對話的**表達方式**？你能更清楚地區別當時真正發生什麼事，把當時的情景陳述得更清楚嗎？

在一張紙上或在你的筆記本裡，盡可能準確地記下你所能記得的。在對話裡，彼此都**說了什麼**，**做了什麼**。如果有人有錄音設備，那麼他（她）會記錄下怎樣的內容？那份內容可能像下面這個樣子：

我：________

對方：________

我：________

你在別人眼中的樣子？

我們在研習班上，要求學員探索自己在對話中的狀態時，有幾個問題經常出現：誰說的事實才是「真正的」事實？誰的觀點才是正確的？如果我覺得自己是「樂觀的」，而別人卻認為我在「批判」，那麼究竟誰才是對的？難道不是雙方的看法都對嗎？

事實上，你認為你的狀態是怎樣，幾乎不會對對話如何進展，產生任何影響。但你必須為別人如何看待你的狀態負起責任。這一點才重要，這可能是一個強有力的起點，因為認清這一點，讓你能為自己希望在別人眼裡是什麼模樣負起責任。

以艾莉絲的例子來說，藉由從她母親的角度觀察她們的對話後，艾莉絲發現：「母親說我自以為是又愛批判，我就變成自以為是又愛批判。」然後，艾莉絲這樣自以為是又愛批判的表現，會更強化母親對她的印象，結果產生一種惡性循環。認清這一點能幫助艾莉絲擺脫原有狀態，創造新的狀態，以新的方式處理她和她母親之間的關係。

花一點時間，從對方的角度探討你們的對話。你處於怎樣的狀態？你會為你當時的狀態負起責任嗎？針對你的狀態，你跟對方的看法有交集嗎？如果沒有，繼續尋找。檢視並面對你要為對話失敗負起什麼責任，這件事可能非常困難。然而弔詭的是，你愈勇於面對，愈感到不適，你的成長空間就愈大，也愈有可能打破僵局，讓對話有所進展。

表現和志向不一樣

如果你很清楚自己的狀態，現在我們就能面對先前針對真誠提出的那些問題。對你個人來說，你的表現跟你的志向一致嗎？在其他維權人士中或在你倡導的社會運動中，你們共有的狀態跟你們共同追求的目標一致嗎？比方說，如果你主張要有同情心和包容心，那麼你正在以充滿同情心和包容心的方式做事情嗎？當你想吸引你的公司、供應鏈、市場、家庭、學校、社區和政治團體的人們時，你的表現能幫助你順利邀請他們加入你所支持的志業嗎？你能激勵他們改變行為、投入資源和提供支持，依照你想說的方式改善世界嗎？

如果你對這些問題的回答都是肯定的，那麼太棒了，你可以暫時放下這本書，休息片刻了。

如果你對這些問題的回答是否定的，那麼你已經順利找出不真誠的一個重要來源。現在，你開始創造一個空間，讓新的表現出現，這個新表現跟你的志向一致，會讓你想要的對話和世界自然而然地出現。艾莉絲發現，她可以從她跟她母親的關係開始做起，讓她變得富有同情心和愛心。這樣一來，她就做到「忠於自己的價值觀」。

不過，首先我們必須解決一個核心難題。當我們發現表現和志向不一致時，為什麼我們會堅持現狀？為什麼我們有時會深陷在無法達成想要結果的表現裡？我們會在下一章處理這個問題。

本章摘要

- 當我們跟他人對話時，我們也帶了跟自己內在對話這個潛在包袱。

- 關於對話如何進行，我們可能會盡力掩飾自己的偏見和假設，但這些潛在障礙卻會透過我們的行事作風和他人對我們的看法，也就是透過我們的狀態偷偷顯露出來。對話甚至可能在開始前就陷入僵局。

- 我們的狀態是共享的，不僅在維權人士的圈子裡是這樣，在人們進行艱難對話的基本體驗上也是如此。身為維權人士，我們的狀態造成人們對我們產生負面的刻板印象。

- 為了打破僵局，我們必須認清自己的表現是否（動態）真誠。我們的表現跟我們的近期目標一致嗎？跟我們想要創造的世界一致嗎？

- 做練習：讓對話發生轉變的下一個步驟就是，藉由了解自己的狀態，找到對話中的潛在障礙並加以面對。
  ❶ 對話陷入僵局時，你在想什麼，你感受到什麼，但你並沒有大聲說出來？
  ❷ 你的內在對話是什麼？
  ❸ 對話陷入僵局時，你當時處於怎樣的狀態？

Chapter 4

找出誘餌——

對話陷入僵局帶給我們什麼好處

Locate the Bait

What we gain when conversations lose

本章就以傑伊的另一個故事揭開序幕：

二〇〇五年時，我進入麻省理工學院攻讀博士，加入一個研究生倡議團體。我們一起針對永續發展「麻省理工學院應該做些什麼」，擬定一份宣言。我們收集數十位教職員工的連署支持，將這份宣言呈給校方。我們要求跟校長會談，想當面提出我們的要求，我們覺得自己酷斃了。

然而，校長辦公室回覆我們說，他們不知道如何處理我們的提議。也就是說，我們的「要求」不明確，他們不知道如何解讀我們要求什麼。

老實說，我們也不知道。但是，校方如此回應讓我們很容易就陷入沮喪，也把校方妖魔化。我們認定「他們」根本不懂，也沒把我們當一回事，他們不是真想去做「他們」該做的事。

請願失敗後，我們下一步的行動就是推動一項焦點更明確的活動：強迫校方公開承諾「說到做到」，建設節能校園。不過，我們開始規劃這項活動時，又遇到更多阻礙。

有一次，我跟倡議團體學生成員在會議室裡，跟校方代表開會。整個會議過程爭議不休，我們不斷提出要求，對方也不斷拒絕我們的要求。他們不願意做出承諾，我覺得大家就僵在那裡。

是什麼原因讓對話陷入僵局？形容這種情況的一種方式是，傑伊和他的朋友遇到一個障礙。這個障礙是別人故意製造的，你必須用意志力或借助政治力量來破除它。我們會問自己這類問題：我們努力做事卻有人從中阻攔時，我們該怎麼克服阻礙？索爾．阿林斯基（Saul Alinsky）的著作《叛道》（*Rules for Radicals*），就是從這個角度出發的經典好書。在《叛道》這本書裡，作者設想一個有權勢的對手和意圖顛覆權勢的一群人。

我們可以用另一種比喻，將重點放在我們讓自己陷入僵局該負的責任。我們可以將對話中出現的僵局當成一種（隱藏的）陷阱。我們發現這樣有助於打破僵局。當我們以特定的內在對話和狀態，步上創造更美好世界的旅程時，我們不小心落入陷阱裡。這個比喻的核心是，陷阱裡的誘餌，它十分誘人，讓我們想緊抓住不放。我們得到誘餌，卻要付出代價，讓對話陷入僵局。

陷阱裡的誘餌是讓我們不真誠的另一個主要來源，也是我們接下來要探討的重點。唯有認清誘餌並願意放手，我們才得以爬出陷阱，找出規避陷阱的辦法繼續前進。現在，我們看看傑伊那則故事的後續發展。

在會議室裡，已經在麻省理工學院就讀幾年的研究生艾爾莎．奧利韋蒂（Elsa Olivetti）突然大聲說：「你們這種做法就好像是，『我們覺得別人應該做點什麼』。但是在這種情況下，我通常採取的做法是，『我們是來幫忙的』。」

她的話讓我大受影響，因為我本來就知道，艾爾莎真的積極主動又樂於助人。我冷靜下來，深吸一口氣，努力對自己說：「我們是來幫忙的。」

這個新做法讓我突然感受到一種莫名的緊張。採取「我們是來幫忙的」這種態度，表示我們必須實際行動。我可能有很多事情要做，可能無法發揮實質效果。當然，我們一直把這些風險丟給校方承擔！在那一瞬間，我突然明白，我們一直都在享受自以為是，卻完全不必承擔任何責任的良好感受。

同時，顯然我們目前的做法也無法幫助我們達成目標。我們的對話陷入僵局。所以，我改變態度，利用「我們是來這裡幫忙的」引導我的思考與對話。這個轉變幾乎讓整個對話馬上發生變化。我們開始提出各種問題，不再只是爭辯我們的觀點。我們得知，學校裡有很多研究生都默默做一些了不起的事情，我們可以幫助推動這些事情。後來，就促成名為「麻省理工學院創造者」（MIT Generator）的系列活動，學生能夠在這些活動裡宣傳有利於校園永續發展的實務計畫，大家共同參與，一起落實。

而校方高層也給予大力支持，學生們踴躍提出幾十個計畫，讓麻省理工學院在制定關於能源和氣候變遷的整體方案上，獲得相當大的進展。

現在，我們把陷阱比喻套用到麻省理工學院這個故事，傑伊跟校方的對話陷入僵局，他費盡唇舌卻毫無進展。他的內在對話是：「我希望校方認真看待永續發展這件事，但是他們就是不懂。」傑伊的狀態是自以為是和心灰意冷。這時，陷入僵局的誘餌是：無須擔負重責大任、覺得自己是代表正義的受迫害者，把責任都推給麻省理工學院校方。傑伊確信，「我們明白永續發展的重要，但他們卻不明白。」如果他抓住這個誘餌不放，他就看不到新的對話方式。在朋友的協助下，傑伊發現一條新的通道：「我們如何幫忙，能協調學生和教職員所做的最大努力，建設永續發展的校園？」

我們的目的是幫助你找出自己的陷阱，但我們知道這件事很棘手，因為隱藏的東西實在太多了。僵局的代價被深埋心裡，我們甚至不願意承認代價的存在。我們會把對話缺乏進展說成是別人的錯，認為是對方故意製造障礙。問題似乎不在於我們怎麼想，而在於事實是怎樣。不管是跟自己或跟他人承認，我們往往不會說誘餌是我們想要的東西。即便我們看穿這一切，我們還是需要很大的勇氣，才能坦承是我們自己製造陷阱。而要放棄誘餌，面對進入陌生領域的風險，則需要更大的勇氣。

好消息是，我們都會落入陷阱，而且我們往往會發現陷阱裡有很多人！當我們發現大家都在陷阱裡時，我們可以自我解嘲。傑伊跟那群維權人士落入一個我們稱為「某人應該」（someone should）的模式。這種模式有很多表現形式，譬如說：政府應該、企業應該、我的叔伯應該、「他們」應該。在談論複雜議題又牽涉到許多人時，我們更容易落入這種陷阱。呼籲「某人」應該做什麼，讓我們能夠假裝自己在努力，但實際上我們只是在評斷和批判別人。

你讓自己陷入僵局

首先，找出對話陷入僵局的時刻，然後為打破僵局負起責任。「僵局」是一個相對用語，僵局的存在是因為我們有想要達成的目標。找出陷阱就是為了讓你**有效地**達成目標。

冷靜清醒地觀察陷入僵局的後果。從你的目標和抱負的角度來說，你放棄了什麼？如果對話沒有陷入僵局，你可能實現什麼？如果對話順利進展，這個世界會獲得哪些改善？這些都是陷入僵局要付出的代價。

而且，僵局可能還會讓你付出其他代價，或者說**附帶損害**。如果我們營造一種無禮、主宰或令人理想破滅的氛圍，這種氛圍就可能會讓雙方關係遭受長久的損害。舉例來說，我們在〈作者序〉裡分享米凱拉的故事，她和母親總是因為肥胖和不健康的飲食習慣發生衝突，兩人有一年多沒有一起吃過飯。

你可能有一個明確目標，希望你身邊的人都過得幸福。但是，如果你的做法讓身邊的人感到受傷、惱怒或焦慮，那麼他們有多大可能聽從你說的話呢？你是在建立關係，支持你創造更美好的世界嗎？你是在培養機會讓你周遭的人都真誠以對嗎？

如果我們打算鼓起勇氣、提起精神，看清現狀並打破僵局，那麼我們必須認清陷入僵局要付出的代價。

EXERCISE

練習⑨ × 對話陷入僵局的代價：

為了認清對話陷入僵局的代價，請回答下面的問題：

- 你怎麼知道對話陷入僵局？
- 你希望獲得怎樣的結果，但目前你沒有做到？
- 你希望自己能解決什麼問題，卻還解決不了？
- 你有哪些目標或宏願還沒有實現？
- 你可能正在製造怎樣的附帶損害？你現在的狀態如何影響你身邊的人？
- 你在情緒上和實際生活上受到什麼影響？

陷阱：讓對話陷入僵局的內在對話

第二個步驟是要認清，陷入僵局的不只是你一個人，同時找出背後潛藏的行為模式。我們在第3章提過，我們的狀態是共享的，我們的內在對話也是如此。內在對話往往受到所屬團體、組織或運動的其他成員影響。一旦我們發現造成對話陷入僵局的內在對話，我們就可以在生活裡將它們標示出來，避免自己反覆落入同樣的陷阱，讓對話得以進展。為了協助你進行這個分析，我們列出一張表，說明與永續發展有關的各種陷阱。你倡導的運動可能遭遇類似的陷阱，或是更具有本身主張特徵的陷阱。

在此，我們要做出三項提醒：

- 我們在表3列出的陷阱並不完備，只是我們自己和共事者反覆遭遇過的一些常見實例。
- 陷阱往往同時發生。我們輔導過的一名主管說，他在許多不同陷阱之間快速逃脫，如此反覆，始終無法讓對話有所進展。
- 這些陷阱可能無法準確描述你的情況。問題是，它們能否讓你聯想到自己的內在對話和誘餌？一旦你認清自己的陷阱，你就有機會展開新的對話。

表3：一些常見的陷阱

陷阱	內在對話	陷入僵局的代價	誘餌
某人應該	「企業應該……」 「政府應該……」 「中國應該……」 「他們應該……」 「我做不到……我需要更多資金、權力和關係，我才能……所以，他們應該……」	放棄我們做出改變的權力與責任。	不用承擔責任：抱持世界「應該」成為怎樣的願景，但卻不願為實現這個願景付出努力或承擔責任。
自以為是	「我比你更有美德（因為我做資源回收、騎自行車等等）。」 「我比你更見多識廣（因為我懂科學，我從系統觀點看待事物）。」 「我比你更清楚你要什麼（因為我看過關於如何快樂的哲學書）。」 「我甚至不想再繼續這次對話（因為你根本聽不懂。就算你聽懂了，也因為自己的私心而曲解事實）。」	無法吸引跟你看法不同的人，也無法改變他們的看法，造成「我們跟他們對立」的看法。	自以為是對的，自以為是正義的化身，自以為很聰明、高人一等，確信自己在不確定的世界裡，「知道該怎麼做」。支配他人、認定別人都錯了。
我知道什麼是進步	「那只是漸進式的改變，我們真正需要的是轉型式的改變。」 「我們正在努力解決最重大、最崇高也最重要的問題。」 「你們這些海洋科學家竟敢阻撓我們的風力電廠！」	倡議團體內部形成派系，讓我們意見分歧。個人成長受限，更不可能向他人學習或與他人互動。	我是對的，別人是錯的。在不確定的世界裡，卻自以為確定無疑。覺得自己舉足輕重、十分重要。

獨行俠	「我正在做出改變。」 「他們根本不懂。」 「整個制度錯了，我沒有參與其中。」 「這不是我的社群。」	孤立、心力交瘁、無法激勵他人或引發改變。	感覺高人一等，認為自己是公正的。
這是對的事	「我們應該（購買環保產品、做好資源回收並隨手關燈），因為這是對的事。」 「所有人都太關注成本和效益，但這是一個道德問題。」	錯失良機，無法設計包容社群或組織內部多元價值觀的解決方案。 錯失機會分享行為動機的經驗。	覺得自己是正義的化身。 認為自己道德高尚。 無須費心考慮各種緊張關係。
無私或自私	「他們這樣做只是為了賺錢」、「那些貪得無厭的人們才是問題所在」。 或是 「他們根本不懂做生意就是要賺錢，我們得養家餬口，我可不想讓我的子女餓肚子。」 「那些環保狂熱分子活在烏托邦的理想世界裡。」	對話陷入僵局、進展停滯。 錯失彼此合作的良機。 任由外界影響（例如：市場），放棄個人動力與責任。	自己才對，別人都不對。 依賴他人創造經濟價值和賺錢。 避免嫉妒他人賺大錢。 不必面對企業使命感引發的緊張關係。
現在就要解決！	「我們面對的問題太龐大也太急迫，無法透過投資教育來解決，也沒辦法浪費時間建立共識。」 「最要緊的是影響企業和政界領袖，他們有權勢能引發改變。」	影響力無法持久、跨越世代。 不真誠：嘴上倡導長期思維，卻採取短期「危機處理式」的策略；嘴上宣揚平	製造緊迫感。 排外性：以精英分子為訴求。

		等，實際卻立基於不平等或延續不平等；無法跟你表明要幫助的人們保持互動。	
人類或自然	「問題就出在人身上，地球上的人口太多了。」或是「自然沒那麼重要，那些環保人士應該多關心人類正在受苦受難。」	失去對人類和其他生物表達關愛的能力。失去跟他人分享我們所愛事物的能力。人類本位主義或厭惡人類。	有確定感：簡化問題、指責他人。
問題導向	「這是錯誤的，怎麼會這樣？」「這個（或那個）社區（或組織、國家）的問題太多了。」	關注過去而不是關注未來。被動反應，並未主動積極、創新改變或言行合一。無法認清人們的長處和資源。	覺得自己對事情的見解是正確的。在複雜的世界裡，只關注一件簡單的事情。有一個清楚的目標發洩怒氣。

EXERCISE

練習⑩ × 認清陷阱：

如果想要找到辦法更有效地傳達我們重視的事情，費心探討一些常見的陷阱是有幫助的。

以上述表格裡列出的常見陷阱來說，哪些陷阱出現在你的家人、朋友和同事身上？

你發現自己陷入上述哪些陷阱中？

那麼，為什麼這些陷阱這麼棘手？為什麼這些對話無法產生我們想要的結果，卻又持續不斷地發生？如果我們想要避開這些陷阱，了解誘餌就大有幫助。

認清誘餌才能打破僵局

十四世紀中亞流傳的一則蘇菲教故事《怎樣抓到猴子》（*How to Catch Monkeys*）講的就是誘

餌這件事。一名獵人把一顆櫻桃放進瓶子裡，要吸引猴子上當。猴子把手伸進瓶子，抓住了櫻桃，可是抓了櫻桃的手卻卡在瓶子裡。除非猴子把櫻桃扔掉，手才能抽出來。可是，猴子不願意扔掉櫻桃，最後就被獵人抓了。網路上也有影片講述目前非洲狩獵採集者也使用類似方法來誘捕獵物。

在有關讓世界更美好的對話裡，誘餌已經不是瓶子裡的那顆櫻桃，我們也不是困在瓶子裡。但我們的處境是一樣的：我們抓住某樣獎賞，卻忘記我們可以選擇放棄這個獎賞。那麼，這個獎賞是什麼呢？

首先，重要的是了解這個誘餌或獎賞不是什麼。它不是我們長遠目標（更美好未來）的實現，也不是完成一項精彩工作後的滿足。它也不是開啟新可能性和良好關係，為我們帶來的愉悅。對你來說，這些可能是你真正做出的承諾，也可能就是你倡議活動追求的目標。這很棒，但誘餌是你不自知卻已做出的其他承諾，正是它們讓你陷入毫無成果的對話裡。

大多數誘餌都不「體面」。儘管我們總愛說我們只追求崇高的目標，但誘餌往往能滿足我們自己專注的需求。在我們的研習班上，當學員反思某次陷入僵局的對話時，往往會在第一次反思後，美化他們的誘餌，比方說：

- 知道自己已經發揮影響力
- 節省時間也變得有效率
- 維持友誼

經過更多次的反思，每位學員會深入事件的本身。最後，他們發現「知道自己已經發揮影響力」，只不過是自認為高人一等和喜歡支配他人的假象。當他們放下這些想法後，就有餘力真正發揮影響力和助力。而「節省時間也變得有效率」其實只是逃避艱難對話的無助感。「維持友誼」也不過是害怕衝突而維持現狀。諷刺的是，這麼做反而可能危害親密關係。

換句話說，如果你把「我想要一個更美好的世界，但……」這句話說完整了，那麼誘餌不是更美好的世界，而是你沒有明講的目標。如同羅伯特・凱根（Robert Kegan）和麗莎・拉赫（Lisa Lahey）所說，誘餌是一種「隱藏的、跟你的目標抵觸的承諾」。誘餌就隱藏在我們對問題的設想和我們當時的狀態裡。

在指導學員時，理解誘餌往往是認清陷阱過程中最困難的一個部分。有部分原因在於，面對誘餌讓我們不自在。嘴上說想要某樣東西，但心裡卻悄悄想要另一樣東西，這是不真誠的一種最基本形式。好消息是，我們發現在追求更美好世界的對話中，誘餌通常可歸類為這四種形式：「自以為是對的」、「自以是正義的化身」、「自以為確定無疑」和「自以為安全」。你可以逐一檢視，看看你的誘餌屬於哪一種。

誘餌的四種基本形式

現在，我們來探討誘餌的四種基本形式。

自以為是對的，讓人自我感覺良好。在求學期間，我們花所有時間來學習正確答案，也因為答對答案而得到獎勵。或許我們是模範生，是得到好成績、受到父母和師長稱讚的小孩，所以我們覺得很踏實，覺得自己在世上是有價值的。或者，我們從來沒有得到這些東西，那麼在我們覺得自己是對的、是聰明和博學時，我們對獎勵的感知會更為強烈。

自以為是正義的化身，感覺也很美妙，當我們站在正義這一方時，我們就可以引用（或錯誤引用）聖雄甘地（Mahatma Gandhi）的話：「想改變世界，就先改變自己。」通常，我們會做出某種形式的犧牲，譬如：不吃紅肉？在好友們投身金融業時，你卻投身非營利組織收入較低的工作？現在，我們就是正義的化身！當然，如果我們能指出誰是罪人，我們就更容易有自己是正義化身的感覺。而且，有太多人可以當這種罪人讓我們挑選了。

自以為確定無疑的感覺特別棒，因為不確定的感覺實在太糟了。如果我們打算不再吃紅肉而改吃素，我們會去追查植物來源的肉類替代品的碳足跡，是否跟肉類的碳足跡一樣多、甚至更多嗎？我們只會認為：「這是正確的事，所有人都應該這麼做。」相反地，如果我們認為氣候變遷是一場騙局，那麼當我們以為這樣想確定無疑時，我們就不用費心檢討自己的行為。

當我們擔心對話結果不如預期而逃避對話時，**自以為安全**的誘餌最常出現。當然，改變世界可能需要我們號召他人一起努力。但回想我們在第3章裡列出、人們對環保人士的刻板印象，我們真想承擔被別人說成神經病、自以為是的環保狂熱分子（或是你所倡導活動中的對應說法）？還記得你請老闆、鄰居、父母或團隊做你關切的某件事，卻被某人制止嗎？那種感覺太難受了！

所以，只跟志同道合者分享看法，或偶爾跟倡議人士一起痛快抱怨，這樣做可就安全多了。

找到理由告訴自己，採取行動絕對無效，就是保持安全的最佳做法之一。我們往往自以為正確，也自以為是正義的化身，而不採取有效的行動，因為這樣做讓我們感到安全。但是讓自己安於現狀，只會因小失大。

現在，你可能不認為自己就是這種安靜待在角落裡的維權人士。你可能會說：「我沒有讓自己安於現狀，要我出面告訴大家，我們必須怎麼做來改變現狀，完全沒問題。雖然再三遭遇失敗，但我一直在努力挺身而出。」我們如此調侃這種做法：「我很樂意當救世主，但我做殉道者就夠了。」

這段話巧妙詮釋維權人士初期的狀態，如同先前發生在麻省理工學院那則故事。我們已經知道，儘管某些人認為殉道者般的維權人士勇氣可嘉，但這種做法其實只是讓自己保持安全的一種方式。這樣一來，我們就不必花時間和精力去解決問題。

在這種情況下，誘餌的潛藏本質就會讓對話變得不再真誠。我們不會到處聲張，我們的人生目標是自以為正確、自以為是正義的化身、自以為確定無疑和自以為安全。我們會告訴大家，我們的人生目標是「我們想要更美好的世界」！事實上，我們兩者都要。而兩者都要，並沒有什麼不對。人本來就很複雜，但我們卻假裝自己一點也不複雜，所以我們才會迷失方向。

EXERCISE

練習⑪ × 找出陷阱裡的誘餌

想想你在第3章開始反思的對話。你的狀態、內在對話和看待問題的方式如何讓你覺得自己是正確的，同時卻認為別人都是錯的？你如何讓自己以為是正義的化身？你是否表現出一種態度，認為你的想法、行動和策略都確定無疑？你的做法讓你待在安全地帶，不必面對問題、避免尷尬、無須勞心勞力，不會招人非議、惹麻煩或有其他後果？

回到表3，仔細看完「誘餌」這一欄。其中哪些誘餌是你曾經私下追求過的，或許因為追求這些誘餌，讓你與他人的對話無法有效進行？

把陷阱標示出來

現在，你已經對內在對話、陷入僵局、真誠、誘餌和狀態，有進一步的了解。我們就花一點時間，再次分析你的處境。

EXERCISE

練習⑫ × 把陷阱標示出來：

回想一次進展未如你所願的對話，或者一次你一直逃避的對話。

找出你的內在對話。你如何看待當今世界的基本問題？你發現自己如何評論自己與他人？

找出你當下的狀態。當你處理前述當前世界的基本問題時，你採取怎樣的立場和態度？別人對你有怎樣的感受和看法？別人跟你在一起時作何感受？

找出僵局的代價。在對話陷入僵局時，你放棄了什麼？對話無法產生效果的代價是什麼？你沒有實現什麼目標和志向？你製造哪些附帶損害？

找出陷阱裡的誘餌。你對問題的看法和你的狀態是否讓你自以為是正確的？自以為是正義的化身？自以為確定無疑？自以為是安全的？就算對話進展不如所願，你仍然得到什麼？

標示出陷阱或許能幫助你發現從陷阱脫困的路徑。我們在研習班上見過這種事。我們聽到學員輕聲笑著說：「嗯，我不會再用**那種**策略了！」你可能也會有同樣的經歷。如果你領悟到你一直都在逃避對話，讓自己停留在安全地帶，那麼，你可能會感到有些焦慮，因為你知道現在你想要採取行動了。

不過，你也可能不會有這樣的經歷，因為要真正放棄誘餌，往往需要多一點勇氣，也需要多一點力量才能把自己從陷阱裡拉出來，還需要多一點想像和計畫，才能做好準備嘗試新做法。

在下一章裡，我們會教你一個關鍵，讓你知道如何邁出下一步：認清你真正想要什麼，然後勇敢跟自己和他人分享你要什麼。當我們能夠清楚說出我們更想要的目標時，我們就能放棄誘餌。

本章摘要

- 就算我們目前的狀態和採取的策略，無法讓我們得到想要的結果，我們往往不願意做任何改變。

- 因為我們仍然在微妙層面從現狀中獲取好處，所以僵局持續存在。這些好處就是我們自行設下陷阱裡的誘餌。

- 維權人士常見的陷阱各個都有自己的內在對話、陷入僵局的代價和誘餌。這些常見陷阱包括：「自以為是」、「某人應該」、「獨行俠」、「我知道進展是什麼」等等。除非我們放棄誘餌，否則我們無法從陷阱中脫困。

- 誘餌通常牽涉到複雜問題，讓人感覺自以為是**正確**的、自以為是**正義**的化身和自以為**確定無疑**。誘餌也包括我們退回到自己志同道合的團體，避免面對問題，而自以為**安全**。

- 做練習：檢視某次陷入僵局的對話，找出你遇到的陷阱，包括誘餌和因僵局付出的特定代價。我們都會落入陷阱，當我們發現大家都落入陷阱裡時，我們就能大笑並自我解嘲。從陷阱裡脫困的關鍵在於，負起責任發現自己陷入僵局並打破僵局。

Chapter 5

勇於分享——超越話題重點

Dare to Share

Moving past the talking points

我們為什麼這麼關切跟這世界有關的事情和問題，以至於導致對立和陷入僵局？通常，我們提倡的理念核心，是啟發我們的某樣事物，譬如：我們對家庭、社群或某塊土地的關愛。這種關愛和啟發可能延伸到我們的國家或整個人類，甚至延伸到所有生物。這種啟發可能來自我們對這些事物未來應有的夢想與願景。當我們察覺到人類、土地和夢想面臨威脅，我們就會動員起來，大聲疾呼。

不過，當對話陷入僵局時，就會發生一件可笑的事情。那就是，在爭論中，人們認為如果跟對方談論我們關愛的事物，就會讓我們陷入劣勢。我們可能也會擔心，如果對方關愛的事物跟我們不同，這樣做就不會有效果。所以，我們只是客觀地談論這個世界出了什麼問題。我們以自認為能說服對方的語言，描述各種問題和解決方案。我們專注於別人的錯誤，包括行動的錯誤或想法的錯誤。我們開始緊抓住第4章討論的誘餌，開始覺得自己是正確的，自己是正義的化身，自以為確定無疑和安全。

為了改變對話進展，我們可以從重新與內在連結，關注自己最重視的事情做起。做到這一點後，加上採取新的狀態，我們就能為對話創造新的情境。

接下來，我們就用葛蘭特經歷的這則小故事，說明這個探索過程：

我們買來食用的優格，是用5號塑膠容器裝的。這種塑膠容器無法回收利用。所以，有一陣子，我會把這種容器從藍色回收筒裡挑出來，放進可重複使用的超市購物袋裡。

這樣一來，我就能把它們統一放進全食超市專門收集這種塑膠容器的箱子裡。幾個月過去了，我老婆莎拉還是沒有理解這套做法。所以我提醒她，5號塑膠容器要放到超市購物袋裡。

整個情勢對我是有利的，因為在這方面，莎拉跟我有一樣的價值觀，而且她愛我，她也知道我想讓這個世界變得更好。當初，她也是基於這個原因才嫁給我。然而，我們針對這件事的第一次對話，卻一點成效也沒有。我提醒她二次、三次、四次後，她終於開始從垃圾桶裡挑出5號塑膠容器，只是機率大概只有三分之一。這樣過了幾個月，我繼續從垃圾桶裡挑出5號塑膠容器。每拿一次，我心裡就會更氣。最後，我再次要求莎拉說：「請把5號塑膠容器放到塑膠袋裡。」

然後，我發現莎拉的表情不太對勁，她好像不贊同我的做法。我心想，如果她了解我的想法和我這麼做的理由，或許對狀況有幫助。於是，我開始跟她解釋，為什麼要做好垃圾分類。

- 這麼對的事，我們應該去做。
- 這種事輕而易舉。妳只要檢查容器上的數字，如果上面標示「5」，就放進全食超市的塑膠袋裡。
- 如果我們把不能回收利用的物品放進回收筒裡，這就是「汙染」，如果情況嚴重，整筒回收物品都得倒掉。所以，把物品放錯筒子不但會威脅我們自身的回收行動，也會威脅所有鄰居的回收行動。

這時，莎拉臉上的表情變了，但不是變好。在接下來那幾個星期裡，她完全不管5號塑膠容器分類的事。我想，她甚至故意把我放進塑膠袋裡的一些5號塑膠容器也扔進藍色回收筒裡。最後。我提出一個做法，我說：「妳把有可能回收的垃圾全部放到廚房後面，我來做垃圾回收。」

這麼做似乎有效，但是幾個月後，莎拉對我說：「你知道嗎？我教我爸媽做好垃圾回收，也教我的祖父母做好垃圾回收，我還教我朋友的爸媽垃圾回收。我以前喜歡做垃圾回收，但現在，跟你生活在一起，我再以不想做什麼垃圾回收了。」

所以，經過這麼多個月，最後把老婆惹毛了。我不但沒有讓她更願意做好垃圾分類，反而讓她對此事打消念頭。而且，為了做好垃圾分類，原本狹小的廚房，還必須空出一大塊地方放垃圾。

反思整件事後，葛蘭特發現自己掉進一個陷阱裡。他緊抓著正確做好垃圾回收的誘餌，自以為是正確的、自以為是正義的化身。而這麼做的代價是，無法讓垃圾回收一事有所進展，甚至連帶賠上夫妻的感情。但是光認清這一點，還不足以讓葛蘭特逃離陷阱。

跟內在動機連結

為了讓事態有進展，葛蘭特必須面對另一個層面的不真誠。他跟莎拉解釋垃圾正確回收的理由，不是他自己這麼做的理由，也不是他想要莎拉跟他一起這麼做的理由。他這麼講的理由是，為了表現自己是正確的、是正義的，以便說服莎拉。在誠實面對自己後，葛蘭特發現他其實不關心垃圾是否正確分類。他巴不得只有一個垃圾桶，希望只有一套系統，所有垃圾都能回收利用，不必靠他在家做好垃圾分類。他真正想要的，以及當初促使他做好垃圾回收的原因，就是我們大家都知道也都希望的零廢棄物的美好世界。在那種世界裡，人們可以輕鬆地回收利用物品，就像大自然巧妙利用各種生物製造的副產品那樣。

而且，在回收垃圾的整個衝突過程裡，葛蘭特其實偏離自己更想達成的目標——拉近自己跟老婆莎拉的感情。當他把裝成什麼都懂的**狀態**擺在一邊，進入關愛和包容的**狀態**後，他發現自己真正想要的是「有莎拉作伴，一起探索如何讓這個世界變得更美好」。然而，他沒有在對話中分享這些發自內心，讓他感動的話，卻玩了「把垃圾放到該放的回收筒裡」這個更安全的小把戲，讓他用客觀的事實，證明自己有道理。

我們會在本章稍後繼續討論葛蘭特這個故事和它給帶給我們的啟發。現在，我們要問你幾個問題：為什麼你的事情那麼重要？為什麼人們應該投票？為什麼人們應該關心全球暖化？為什麼你應該關心人口販賣這件事？花一點時間，想想你選擇關切的事情。

EXERCISE

練習⑬ × 為什麼你認為這些事情很重要？：

選擇一個你重視的話題或事情。想想你在練習1裡列出的那些事項，以及練習2裡列出那些陷入僵局的對話。

打開你為本書準備的筆記本，翻到新的一頁，在第一行寫下：「（某個話題或某件事情）很重要，因為……」

然後，用你馬上想到的答案，反覆寫完這個句子，你可以寫出好幾個答案，最多列出十個。

記得一定要寫出你跟別人解釋他們應該關切和解決這些事情時，你會提出的全部理由和論據。

注意檢視一下，你列出的理由和論據是否包含我們在自己和研習班學員身上發現的這些模式：

- 我們把原因說成跟我們的經歷、價值觀或感受無關的抽象事情和問題。
- 我們把個人價值觀、志向和夢想轉化成「外在動機」，譬如：危險和金錢。我們用外在動機溝通，意即做某件事會有什麼樣的成本和效益，卻不談當初我們受到什麼啟發才這樣做。
- 我們這樣做是因為有人告訴我們，別人並不重視我們重視的事情。

注意，在這種情況下，你是否有過下列這些經歷：

- 藉由避談我們自己、不提我們的感受和我們的熱愛，只是分享「事實」，我們就能避免遭人評判的風險。我們緊緊抓住自以為安全和避談感受的誘餌。
- 我們努力吸引他人注意，但我們口頭上說要跟大家分享我們受到的啟發、以及我們的內在動機。但事實上卻沒有這麼做，因此無法讓他人產生共鳴。在這個過程中，我們也跟自己的內在動機漸行漸遠。
- 我們深感沮喪無奈，只能更加仰賴外在理由和外在動機來支持自己，並跟他人說明。

這當中不真誠的核心在於，我知道自己關切什麼、熱愛什麼、想要怎樣的未來，但這一切卻在我提倡的主要理念中消失無蹤。某件事讓我深受感動，但我卻隻字不提。甚至於我不想告訴你，卻還因為感動我的事情無法感動你，自己就悶悶不樂。

如何打破這種循環？怎樣才能把我們的關切傳達出去？

首先，我們可以用我們稱為「足球測試」的方法，檢驗我們的動機和理由。身為維權人士，我們有時會納悶：為什麼一場足球賽輕而易舉就能吸引幾百萬人的關注，但是要吸引人們參與社會善因活動卻困難得多？從某方面來說，這個問題的答案再簡單不過。如果你在街上問正要去看球賽的人：「你為什麼要去看球賽？」他們可能會說：

- 「因為球賽很好看啊！」
- 「我喜歡的球隊酷斃了！」
- 「我就是想看！」
- 「我是死忠球迷。」

如果你繼續追問：「為什麼？」他們可能就得費盡心思講出一些事實和道理，譬如：球賽為什麼好看，他們為什麼喜歡看球賽，或為什麼他們喜歡的球隊酷斃了等諸如此類的原因。不過，他們也可能直截了當地回答：「因為我喜歡。」

「因為我喜歡」或「我是球迷」是內在動機或自主動機的典型代表，它們不受任何外在環境或理由影響，而是表達個人興趣或自我，本身也是一種目的。我喜歡看球賽，不需要任何理由，我就是喜歡。足球測試是這樣進行的：你可以用這種不證自行的簡單陳述，形容你在乎的事情嗎？

舉例來說，傑伊這樣描述他關心氣候變遷的原因：

我敬畏雪山，我喜愛濱海城市，我要確保我的小孩和後代子孫都能欣賞這種自然美景。我喜歡動腦思考複雜的問題，喜歡與同樣努力創造更美好世界的人們一起努力，這樣做讓我大受啟發。

現在，花一些時間想想我們在練習13列出，我們最重視的那些事，包括你列出的各種原因。這些原因都是自己決定的嗎？需要藉由外在環境或共享的文化價值觀，證明其重要性嗎？想想下面這個例子：終止人口販賣，對我來說很重要，因為：

- 「很多人正在受苦。」
- 「每年有超過五十萬人被販賣。」
- 「這是一件正確的事，我們應該去做。」
- 「孩童不應該被當成物品買賣。」

這些都是我們應該採取行動終結人口販賣的重要理由和正當理由。這些理由說得都對，但是就像葛蘭特解釋為什麼要正確做好垃圾回收一樣，這麼說並沒有表達出我們內在（或自主）的動機。

你可能這麼想：「等等，終結人口販賣（或你關心的其他事情），就是我個人關切的事情，我知道這麼做很重要。」「我個人很重視垃圾分類。」「我深受（我所支持的理念）所激勵。」如果這些話都是事實，我們接下來會告訴你，如何在對話中具體表達這個動機，這樣的話，你就能親身感受內在動機的助力，還可能讓他人感受到你的內在動機。這個轉變可以從改變我們的說法做起。

在葛蘭特回收垃圾的故事裡，他跟老婆分享的是外在動機。他沒有分享他喜歡什麼，而是藉由說明事實和講道理，讓老婆丟臉，希望鞭策老婆正確做好垃圾回收。我們都傾向於以外在動機投射到人們身上，來感受自己的內在動機。這種傾向不僅對我們表達內在動機沒有幫助，還容易導致內在動機被外在動機取代或排擠掉。在這種互動過程中，葛蘭特或他的老婆對回收垃圾的內部動機，全都被弱化掉。

如果你已經清楚自己的內在動機，也能在容易引起對立的對話中，自在地表達你的內在動機，那當然很棒。但是，如果這麼做仍然無法讓對方產生共鳴，那麼對話還是可能陷入僵局。在這種情況下，你要做的可能就是傾聽，試著喚醒**對方的**內在動機，同時採取一種積極的方式，接受雙方動機產生的緊張關係。我們會在第7章詳述該怎麼做。不過，你跟搭檔在本章所做的練習，也能幫助你做好準備。另外，你也必須好好想想，這個內在動機是不是你當前行為背後的唯一動機？或許，你還想擁有自以為正確、自以為是正義的化身、或自以為確定無疑這些可能妨礙你傳達訊息的感覺？這部分是第4章和第6章探討的主題。

不過，我們推測你在練習13寫下的大部分答案，都跟外在環境有關，就像葛蘭特對正確回收垃圾的解釋一樣。你的回答可能包括各種問題、症狀和後果；可能包括評論對錯的文化價值觀，以及外在的其他事實、原因和理由。而且，你可能有一種傾向，你自己都不知道你太過仰賴外在環境來證明你的動機是對的。

跟我們一樣，你也想過自主的生活。比方說，葛蘭特喜歡把「這是正確的事」，當成是表達內在動機。然而，這句話卻牽涉到何為正確的共同認知，所以這句話並沒有表達他喜歡什麼。用這種說法跟別人分享自己深受啟發的體驗是不夠的。也許這句話確實有自主動機支撐。但是，當你把「這是正確的事」這句話，說給正在做錯事的人聽時，你覺得對方會怎麼想？他們的內在動機會被觸動，或是你讓他們感受愧疚、丟臉或有必要改變的社會壓力？

拿足球測試來應用一下。如果你問足球迷，為什麼足球對他們來說是那麼重要，你能想像他們回答「因為這是正確的事」嗎？你能想像他們用類似你在練習13列出的那些回答，來答覆你嗎？

我們先前提到傑伊關心氣候變遷的動機，他可沒有說：「我關心氣候變遷，因為……」氣候變遷只是一個**情境**，他可以在這種情境下，做自己喜歡的事情並有所貢獻，這才是重點。

下面是另一項測試。你是否體驗到一種要按照正確方式做事的內在壓力？對你或對你身邊的人來說，支持你的理念是否很困難、令人疲憊或深感挫折，甚至到了讓人心力交瘁的地步？你提出的倡議是否導致你的人際關係變得緊張，或導致你無法與他人充分溝通？你是否徹底逃避某些人？這些敘述都跟內在動機的體驗無關。當你需要不斷地向自己和他人證明你的主張是合理的，就會讓你深感疲憊，也會讓你精力盡失。這不是你的自主動機。

現在，花一點時間想想，你能否把你在練習13回答的動機，做清楚的分類？

EXERCISE

練習⑭ ✕ 注意你正在分享什麼動機或沒有分享什麼動機：

回去檢視你在練習13做的每個回答，將它們依照屬性分為**自主動機（內在動機）或外在動機**。

- 自主動機或內在動機是以自身為依據，比方說：「我為了唱歌而唱歌」。或是指向自己，譬如：「因為我喜歡，所以我唱歌。」「我為了世界和平，而致力於世界和平。」「因為好玩，所以我這麼做。」「因為有挑戰，所以我這麼做。」「這樣做讓我得到滿足。」「這是我愛做的事。」「這就是我。」
- 外在動機指向你以外的世界，比方說：「這是正確的事（根據某種道德權威或你可以跟他人分享的某個事實）。「現狀是錯的，是危險的，要付出代價，不公平，沒有效率，不合法或對我們的健康有害。」「這對企業、環境或社會有利（或有害）。」

評估你寫的措詞，想想別人聽到這些理由會有什麼感受。不要考慮你字裡行間的意思。

注意你分享的動機組合。注意一下，你先分享哪些動機，後來才分享哪些動機？注意一下，你是否把你的回答都歸類到自主動機，而不是照實歸類。看看你是否想增加更多回應，或是修改現有的回應，或是在評估中「作弊」。

想想看，在你一開始進行練習時，有沒有想到一些動機，最後卻沒有寫下來。不管基於什麼緣故，你決定不把它們寫出來，或者不跟他人分享。現在，你可能想要把它們加上去。或者，你很慶幸沒有把它們寫進去。你可以把它們列在另一張清單上。

把你的反思結果告訴你的搭檔，請對方告訴你，他們覺得哪些理由最真誠？哪些理由讓他們產生共鳴？

想想看，為什麼我們發現要讓他人對我們在意的事情產生共鳴，會那麼困難？原因在於，我們自己都沒有對我們在意的事情產生共鳴。事實上，我們傾向於做背道而馳的事，我們愛上某個事物，可能是某種理念、某個地方、某個人或某群人，但是我們沒有談論自己的內心，談論我們的內在動機，而是把我們的內在動機轉換成我們認為別人更容易接受的外在動機。或者，我們藉由他人的外在動機，來證明我們所愛的某些事物是合理的。

你可能已經發現，光是改變理由是不夠的。「我喜歡確實做好垃圾分類，因為我希望垃圾應該丟進該丟的回收筒。」這麼說聽起來可能有點蠢，也不太真誠。不過，在解釋你自己回收垃圾的做法時，這樣講可能更討人喜歡，你可以試試看。

如果確實做好垃圾分類（或你關心的其他事情）本身不涉及某種目的感或滿足感，那麼它可能就不是你最想要做的事。

這時，你可能會想：「你的或我的動機究竟是內在動機或外在動機並不重要，反正我們都必須拯救這個星球，否則我們都會被毀滅。」或者「對我們來說，基本人權實在是再重要不過的問題，我們無法浪費時間去關心別人對此事的感受。」在這種情況下，我們在第1章提過的**高壓策略**，可能對你有幫助，你應該試試看。不過，你也可能遇到這種情況（譬如葛蘭特的婚姻），對方過得好不好，對你來說是很重要的。你可能需要跟對方建立長期持久的親密關係，才能達到你的目標。在那種情況下，運用外在動機進行溝通（就像葛蘭特的做法），就可能在無意間造成反效果，讓對方刻意避免你支持的行為和價值觀。這麼做可能會破壞你們之間的關係，最後甚至讓你心力交瘁。

事實上，有關正向心理學和組織研究的很多研究結果都顯示，內在動機支持攸關成功的行為和結果。這些行為和結果包括：創造力、面對挑戰的毅力、心理健康、認知彈性與深度學習、有複雜度的工作、正向情緒和積極參與。內在動機跟內心平靜、深度接納自我和他人、信任和實踐行為都密切相關。

高效能企業會制定社會責任或環境使命感，讓員工更容易受到內在動機的激勵，更容易體驗到意義感與使命感、滿足感與成就感，有良好的人際關係和參與感。而「這是正確的事」這類外在動機，就不足以創造這樣的結果。

說出你真正想要的

花一點時間想想，你一直支持的主張，你一直說自己最在乎的事情，其實並沒有開始反映出你真正想要的東西。它至多只是更廣闊的可能性或對世界的想法裡的一小部分。而這更廣闊的可能性、這個夢想，才是一種內在表達，是表明你的內心和你在世上的身分。如果這種可能性能夠引起眾人的共鳴，那麼你現在關注的問題可能會因為得到眾人支持而連帶獲得解決。

不管你真正想要的未來是什麼模樣，在你心裡它都是值得追求的目標。「我要獲得啟發、做個有使命感的人。」「除此之外，不需要其他理由。」「我想要跟老婆永浴愛河。」「我希望個人和家庭都圓滿順遂。」當你能把你想要的未來跟自己說清楚，你就能感受到你的內在動機並與他人分享。它會感動你，只要想到它，你可能就會熱淚盈眶。

EXERCISE

練習⑮ × 想像你真正想要什麼：

想想你在練習13提到、沒有開始表達你真正想要之事的話題、事情或理念。想想或許你當時想到的話題、事情或理念，可能並不是你真正關心的，或者最多只是你真正想要未來的眾多表現形式之一。

現在，開始想想怎樣的未來、願景或夢想讓你怦然心動？你真正熱愛的是什麼？你真正想要跟這個世界分享什麼？有什麼事情值得你去做，即使那是一個千年大願，你可能看不到結果？有什麼事情值得你不顧結果、展現自己？

把下面句子寫完整，看看有什麼事情讓你為之振奮：

- 我有一個夢想……
- 我想要努力創造的是……
- 我支持的是……

最後，不要受到上面句子的侷限。用你自己的方式，找出你想實現的宏願。

跟你的搭檔分享彼此的答案。練習彼此傾聽、彼此指導，這樣就能理解彼此的回答。這樣的搭檔練習對你將來進行其他更有挑戰性的對話很有幫助。

當你找到真正激勵你的事情，就跟大家分享。讓人們有機會因為你關切的事情受到激勵，讓人們有機會選擇是否跟你一起努力，讓人們有機會被你的狀態感染。你會驚喜地發現，竟然有人加入你實現夢想的行列，而且可能是你先前從未想過會加入你行列的人。

能夠說出你真正想要**什麼**，只是勇於分享的一個層面。另一個層面是，你在談論過程中**如何**表現。你當時處於怎樣的狀態？在第3章，我們協助你「知道你自己的狀態」。現在，你要決定你想要呈現出怎樣的狀態。放下誘餌，拋掉你過往的狀態，把注意力集中在你真正想要創造的事情上。現在，你可以呈現怎樣的狀態？

麻省理工學院專攻領導力的知名學者奧圖・夏默（Otto Scharmer）講述過一種名為「自然流現」（presence）的體驗。這是一種強調注意和傾聽的獨特狀態。當我們把內在對話和雜念拋諸腦後，我們會逐漸進入這種狀態。我們會對對話展現一種開放的思維、心態和意願。夏默將這種「自然流現」，形容為放棄過往習慣，參與即將出現新未來的能力。你也可以進入這樣的狀態。

EXERCISE

練習⑯ × 創造一種新的狀態：

想想你在過去幾章裡反思過陷入僵局的對話。想像你說出下面這段話：

在我們的對話和關係中，你完全可以相信，我是＿＿＿＿，跟我真正想要的未來是一致的。

你會在空格裡填入什麼字詞？盡量簡短些，用一個形容詞或一個短語，讓你能對自己說，喚醒那種感受。

這是關鍵時刻，到目前為止，我們所做的事，都是為了讓你能夠創造一種新的狀態。這樣你就可能產生新的做法，採取新的行動，獲得新的結果。

我們無法告訴你，在上面那句話的空格裡要填寫什麼內容。現在就是改變的時刻，創造的力量掌握在你手中。我們只能提出幾個問題，讓你好好想想：

- 你真正想要怎樣的關係？真正想要怎樣的世界？
- 怎樣的狀態跟你所要的未來一致？
- 如果你現在就活在你想要的未來裡，你會有什麼感受？你會呈現怎樣的狀態？

這些問題可能很難理智地回答。我們已經發現，人們可以透過體驗練習，更清楚知道這些問題的答案。我們接下來提供一個冥想練習，藉此協助你認識你想要的未來。如果你不以為然，那也沒什麼稀奇。在我們的研習班上，學員都要花一些時間適應這個練習。然後，我們常常聽到有人說，這是整個研習中最有價值的部分，連最頑固、疑心最重的企業主管也這麼認為。

EXERCISE

練習⑰ × 借助冥想的力量：

身體坐直，保持舒適，深吸一口氣，慢慢閱讀下列文字，讓自己逐字逐句地體驗：

你來到三十年後，這個世界還有問題需要解決，但許多方面已經有相當的進展。事實上，你很訝異進步如此之大，雖然有些人仍然困苦度日，但整體來說，人們已經比你過去想像的更加健康，日子也過得更好，也有制度協助那些需要協助的人。整個地球也變得更加健康，天空與水都更乾淨清澈，物種和棲息地正逐漸恢復。國家比你從前想像的更加和平，有更多民眾受到啟發，活力充沛地生活，大家一起努力讓世界變得更好。

閉上眼睛，想像這一切。

現在，繼續看下去：

當你進入這樣的地方與時刻，你知道這個結果跟你有關。雖然這不是你一個人的貢獻，或許你做的事情並沒有你年輕時想像的那樣雄心壯志。但是儘管如此，你跟所有人一樣都做出自己的貢獻，這樣也就足夠了。現在，你站在這個地方，雖然人類還有很多問題有待解決，但我們已經非常清楚，問題會迎刃而解，沒有什麼是無法克服的。這個世界正在逐漸邁向我們期待的樣貌，我們很興奮能把這樣的世界傳承給後代子孫。

讓你自己從下列這些方面，感受一下這個未來：

- 新聞裡播出什麼內容？
- 我們都吃些什麼？
- 人們每天都在做什麼？

想想那些你從不認為會跟你合作的人，一起創造如此重大的改變。那會是怎樣的狀況？

他們彼此如何相處？
你變成什麼模樣？
現在，花一點時間閉上眼睛，更具體地想像這個未來景象，體會你在其中的狀態，你有什麼感覺？別人會有什麼感覺？
當你準備好，就把筆記本翻開至空白頁，花十分鐘把你想到的任何念頭寫下來，包括對你所見到的、你的感受，尤其是對你的狀態的任何看法。

在我們的研習班上，每當我們要求學員做這個冥想練習並創造新的狀態時，我們都會要求他們大聲說出自己的狀態，並把他們的狀態製成投影片，好讓所有人都能看到。研習結束後，我們收集些措詞作為數據儲存起來。圖3就是我們聽到學員形容新狀態的措詞。

讓這張圖給你靈感，抓住某個激發你想像的措詞，讓它成為你自己的狀態。重點是，狀態沒有對錯之分，你可以都試試看，找到一個能激勵你，符合你現狀和你想要實現目標的措詞。創造一種真正與你要的未來一致的狀態。

在第3章裡，艾莉絲發現她採取自以為正確和自以為是正義化身的狀態，批判母親對同性戀者人權的看法。當她放下這種狀態，她發現自己想要的世界，其實是一個充滿同情心和愛的世界。

現在，她就可以表現出她的同情心和愛心，創造她想要的世界，一切就從她跟母親的互動做起。

一旦你找到一種讓你感到興奮，並且跟你想成為的人和你想創造的未來一致的新狀態，你就可以想想你在第3章和第4章反思的那些對話。花一點時間，站在對方的立場想想，設想他們的經歷。問問自己，這種新狀態是否讓對方有不同的感受？有沒有吸引對方產生共鳴？這種換位思考非常重要，這就是夏默所說的「開放的心靈」。

葛蘭特發現，他想跟莎拉一起探索如何讓這個世界變得更好。而他堅持讓老婆回收5號塑膠容器的做法，卻對他更重視的這件事受到破壞。

> 當莎拉跟我說：「我以前喜歡做好垃圾回收，但現在跟你一起生活後，我再也不想這麼做了。」這句話讓我無言以對。
>
> 那天，我反思整件事的經過，想清楚自己真

包容、充滿希望
自信、分享、喜樂、平靜
滿足、受激勵、歸屬感
有參與感、自在
滿意、快樂、存在感、輕鬆
健康、心胸開放
樂於助人、和諧、放鬆、平和、創新
有力量、自豪、充滿愛、慷慨

• 圖3　由我們的研習班學員想出的新狀態

正想要什麼，以及我想在互動時展現怎樣的狀態。我跟莎拉說：「在回收5號塑膠容器這件事情上，我一直是自以為是的混蛋。當我說哪些垃圾要丟進哪些回收筒時，我只是想顯示我是對的，妳是錯的，甚至可能還讓妳感到慚愧，不得不做好垃圾回收。現在，我知道我傷害了妳，也傷害了我們的感情。對不起，以後再也不會發生這種事，妳可以相信我對妳的愛。我真正想要的是夫妻同心，一起探索如何讓世界變得更美好。」

她聽我這麼說又驚又喜，但也半信半疑。我看得出來，她想相信我，她被我說的話打動了，但她還有些懷疑。不過，這沒關係，我會努力說到做到。我清空廚房檯面的分類箱，在接下來幾個星期裡，繼續從藍色回收筒裡挑出5號塑膠容器，放進全食超市購物袋裡。我覺得莎拉還是把5號塑膠容器丟進藍色回收筒裡來試探我。不過，現在我採取新的狀態，把從藍色回收筒挑出5號塑膠容器，當成表達關愛的機會。我不斷地表達關愛，最後藍色回收筒裡再也看不到5號塑膠容器。但那不是重點，最重要的是，我成為關愛老婆的老公。現在，對我的女兒們來說，我也變成一個更棒的爸爸。

在你繼續看下去前，我們希望你好好想想這個讓你在重要對話表現新狀態的機會。這樣做，你才能透過這種重要對話，實現你想讓世界有所改善的目標。

體現新的狀態

當你寫下某個措詞或短語表現你的新狀態後，你就要真正進入那種狀態。別只是說：「現在，我會比以前更體諒人。」或者：「我要努力變得更勇敢。」你要讓體諒或勇氣在你的身體裡生起，用你的心和你的腦子去感受它。你要用那種感受去看待自己、傾聽自己並跟自己對話。

此刻，你的反應可能是：「但是我不知道怎麼做。」你這樣講其實很棒，這表示你確實找到新的狀態。

有些基督徒會佩戴一種刻有「WWJD」字樣的手環，意思是「耶穌會怎麼做？」（What would Jesus do?）。你也可以想像你生活裡或你最喜愛的故事裡，某個已經展現出你想要狀態的人，想像此人在你的處境中，這時他（她）會如何看待這個情況？會如何傾聽？會跟自己說什麼？又會跟對方說什麼？在這種新狀態裡，你會怎麼想、怎麼說和怎麼做？

回想你在第3章和第4章探討的對話。如果你打算採取這種新狀態，那麼你會如何看待這些對話和當時的情形？

一種可能結果是，你的看法有所改變。你對問題的理解發生怎樣的變化？在這樣的新狀態裡，你真正想讓世界發生什麼改變？葛蘭特的目標從「正確做好垃圾分類」變成「夫妻同心，一起探索怎樣讓世界變得更美好」。當你來回思考發現新狀態和描述你想要的未來時，就可能讓這兩者同時出現。新狀態和你所想要的未來，兩者密切相關。新狀態能讓你看到新的未來，而看到可能出現的新未來，也讓你想像出更多與未來一致的新狀態。

花一些時間，想像你想要的未來，以及你在其中的狀態。

另一種可能的結果是，你的問題完全消失了。在第4章提到傑伊在麻省理工學院那個例子裡，「樂於助人」的新狀態讓焦點從「校方行動不力」這個問題，轉移到「找可以為學生提供什麼幫助」這個問題上。

你可能會發現，你看待問題的整個觀點都改變了。問題導向往往會讓你把注意力放在眼前面臨的阻礙，只能針對過去和現在做出有限的反應。但是採取新狀態後，你就可以退一步看待問題，把注意力放在你想創造的未來上，然後以此為依據展開行動。這種觀點讓你和他人看到更多可能性，就能努力實現你想要的未來。

EXERCISE

練習⑱ × 從新的角度思考問題：

花一點時間，好好想想你在先前練習裡發現的新狀態。想像你以新狀態出現在陷入僵局的對話裡。

從這個新角度、這個新觀點，寫下你真正希望對話中發生什麼事——某種結果或某種關係——讓你覺得你已經實現你想要的未來。

現在，寫下你觀察到的現狀。現狀跟你想要的未來有何差距？這可能包括你自己的行為、想法和感受，也可能包括你對他人的行為、想法和感受的理解。

你會採取哪些新的行動？

你會展開哪些新的對話？

通常這場探究進行到此刻時，人們都會開始發現一個棘手問題。你可能注意到，你已經清楚知道你想要的未來，也採取新的狀態，並且明白你過去的狀態和誘餌如何對你造成阻礙。你覺得自己內在有了巨大的轉變。但是，你可能預料到對方還沒有準備好，聽你說這一切。他們可能預期你跟過去一樣，並以過去的方式來回應你。這就是我們在下一章要探討的主題。

本章摘要

- 放下誘餌需要勇氣。關鍵是，清楚自己真正想要什麼，並且勇於跟他人分享。
- 通常，我們所倡議理念的根源，就是激勵我們的某樣事物，比方說：我們對人們和對生活的愛，還有我們對未來的想法。但是，由於分享這些想法會讓我們不安，所以我們會以一種更客觀的方式，談論這個世界出了什麼差錯。
- 了解我們的動機，有助於理解為什麼我們重視某些事情或某些理念。這些動機有的偏向內在、自主的動機，有的偏向外在動機，受到外在的理由或各種心理壓力所影響。
- 為了打破對話僵局，我們必須先跟自己的內在重新連結，知道自己最關心什麼。這麼做就能為對話提供嶄新的基礎。
- 了解內在動機的一個做法是，想像我們所要創造的未來，並且讓自己置身其中。這種體驗不僅能幫我們發現自己在乎什麼，還能幫助我們體驗新的狀態。
- 創造並採取一種新狀態，能改變我們對眼前問題的看法，也改變我們如何看待陷入僵局的對話。
- 做練習：找到你的內在動機，了解為何你所支持的理念是重要的。運用本章的反思和視覺化練習，找出你想要創造的未來和與那個未來一致的新狀態。

Chapter 6

開啟對話——打破僵局

Start Talking

Bringing conversations back to life

如果你一直跟著我們做練習，那麼你已經完成下列事項：

- 你至少已經找到一次為了改善世界而進行的對話，但這次對話的進展並未如你所願。你也可能找到一次你想要進行，卻一直拖延或避免的對話。無論如何，你都找到一次你重視卻陷入僵局的實際對話。
- 你已經反思你在這些對話中的狀態，也知道這種狀態跟你的內在對話密切相關，也就是你對自己的看法和他人對你的看法。而內在對話就是你未必會說出口的想法和感受。
- 你已經找到跟僵局有關的誘餌和陷入僵局的代價。
- 在反思過程中的某個時刻，你發現自己侷促不安、感到慚愧或嘲笑自己。你也發現自己的狀態和言語，跟你此刻複雜的心境和你想創造的未來不一致。
- 你已經更清楚你真正想要什麼，而且你也創造一種更真誠、能更有效實現目標的新狀態。

如果到目前為止，你已經完成所有練習，你就已經取得實質的進步，也已經開始從你這方面改變對話。現在，問題就出在，我們如何透過行動重啟對話？

首先要承認的是，從自我反思的旅程邁入到真實的對話，可能引發一些懷疑和顧慮。我們往往看到學員大聲唸出自己對陷阱的描述，同時卻也承認：「我認為這麼說行不通，我想表現出這種新狀態，**可是⋯⋯**」「可是」後面的話都在描述過去的情形。通常，講的都是對話對象過去的想法、感受和狀態。

- 「我只是覺得，我跟那個人說不通。」

- 「太遲了，我已經把關係搞砸了，沒有機會了。」
- 「當時我們都自以為是，我可以放棄這種狀態，可是我不認為他會這麼做。」

我們有要你弄清楚對方的陷阱並告知對方嗎？你認為這樣雙方都反思過，結果才公平，是嗎？遺憾的是，我們沒有要你這麼做。我們做了這麼多反思後，是不是要舉起一面鏡子強迫對方也反思一下，讓他們也為造成僵局負起責任！如果能這樣做，當然很棒。

但事實上，這是一個巨大的陷阱！除了讓自己反思外，你無法讓任何人反思。你能走到這裡的唯一理由是，你選擇看這本書，選擇做裡面的練習，選擇反思和學習，我們做的所有事情只是為你提供工具，同時讓你知道，其實我們都面臨同樣的問題。如果你試著指出對方的狀態，說出你認為對方緊抓不放的誘餌和陷入僵局的後果，那麼幾乎可以肯定你會面臨兩種結果。首先，你不可能看清整個局勢，因為你無法真正了解對方在想什麼。其次，這麼做可能激起對方捍衛自己和堅守立場。

整個探索過程包括暴露自己脆弱的一面，暴露我們平時往往不會透露的情感，放棄過去熟悉的行為和探索陌生的未來。所以，你會發現你傾向於保護自己，也會發現有新的陷阱出現。舉例來說，指出對方的陷阱，很容易讓你享受自以為正確、自以為是正義化身和自以為確定無疑的感覺！而且，這麼做也很容易讓你感到安全，因為你不必為改變承擔責任。

那麼，我們該怎麼做？

現在，我們要來做另一個思想實驗：想像你正在進行一次對話，你大聲向對方坦承你落入的陷阱和後果。

EXERCISE

練習⑲ ✕ 建立一次新的對話：

想像原本陷入僵局的對話，再次開始進行。在空白處填上你的陷阱分析，在想像對話中大聲向對方說出下面這句話。或許你想在措詞上做一些修改，讓你能更自然地表達，但是務必包含每項重點。

我想跟你談談＿＿＿（先前陷入僵局的對話或從未開始的對話）。現在，我已經明白，我過去一直＿＿＿（舊的狀態），這跟我的價值觀不一致，也跟我渴望成為的期望不符。

雖然我一直說想要＿＿＿（說明更美好未來的目標），但其實我也想要＿＿＿（誘餌）。

我發現這麼做產生一些不利的後果，包括＿＿＿（陷入僵局導致的代價）。對不起，我採用這種做法。我想創造一種新的做法來交談。

日後，你可以相信我是＿＿＿（新的狀態），這狀態跟我真正想要的未來一致。

而且，如果你察覺到我的行為故態復萌，請你一定要提醒我。

由於每個人的狀況不同，進行這樣的對話或許讓你覺得想要從懸崖跳下。暴露這麼多內在想法，可能讓你覺得非常尷尬。沒錯，就是這種感覺！畢竟，放棄誘餌，走出安全地帶，本來就會讓你感到脆弱無助。

別忘了，這只是一個思想實驗，也就是說，在實際對話中，你不必逐字逐句大聲跟對方說。然而，即使你只是想像這麼做，或跟同伴角色扮演做此練習，也能幫你跨越心理障礙。在坦白造成內心種種焦慮後，你通常體會到另一種感受，一種寬廣、自由、充滿各種可能的感覺。

不過，你可能已經發現，葛蘭特在第5章對莎拉說的話，確實遵照練習19的模式。他這樣講讓夫妻兩人針對垃圾回收的互動出現轉折點。究竟什麼時候跟對方大聲說這些話才有意義呢？

道歉的力量

練習19列出的那些情節，基本上只是一種道歉。如果巧妙運用，道歉就能改變關係並強化關係。道歉可以讓人產生攜手並進的意願。道歉可以是一個破除既有行為模式的分界點，也可以代表一種從現在開始共同創造更美好未來的承諾。

要注意的是，道歉必須誠心誠意才會有效。約翰・卡鐸（John Kader）的著作《有效的道歉》（*Effective Apology*）是一本很棒的書，它的結論跟史丹佛大學社會心理學家卡琳娜・舒曼（Karina Schumann）所做的研究一致。表4的內容就是以卡鐸和舒曼的研究為依據。

● 表4：真誠有效道歉的要素

全心全意的道歉（有效）	有保留的道歉（無效）	毫無歉意（有害）
具體說明冒犯之處，坦承造成傷害並承認事實。	暗示有所冒犯，對影響輕描淡寫或爭論事實。	為自己的行為辯護，激烈爭論影響和事實。
完全承認做錯，承擔責任，不把責任歸咎於處境。	找藉口，分擔責任或責怪對方（或第三方）。	不承擔責任。
明確表示後悔（譬如，跟對方說「對不起」）。	只做出後悔的表情（譬如，跟對方說「抱歉你理解成……」）。	不後悔。
了解傷害並提議做出彌補。	提出有條件的彌補，或是空談而無實際行動。	質疑要求道歉者的動機。
對未來做出新的承諾，包括承諾不再做出這種冒犯行為。	根據對方或外在處境，做出有條件的承諾。表示有可能再做出這種冒犯行為。	還是會做出這種冒犯行為。

以我們的經驗來看，藉由設想你想要成為的樣子（就像我們在第5章做的那樣），你更可能大方表達出有效道歉的這五大要素，並做出有說服力的道歉。

你可能發現，你不喜歡「對不起」這種說法，就像我們有一名學員這樣說：

我認為在某些情況下說「對不起」，是讓自己洩氣。這樣做偏離原本訊息的力量，而讓你處於劣勢……所以，我傾向於說「我能理解（明白），我的行為（我說的話）可能讓你覺得……

接著，我們要說明為何我們發現藉由道歉來承擔責任，是整個過程裡非常重要的部分。儘管乍看之下，說「對不起」似乎滅自己威風，讓自己處於劣勢。但是，另一種說法卻把改變的責任丟給對方。雖然你可能會說：「我能理解你為什麼會把我的行為，理解成……」但此時你的內在對話卻是：「可是你錯了，我就來告訴你，你該怎樣正確解讀我說的話！」看起來，你似乎沒有讓步，但實際上，這樣做已經讓你失去掌控權，因為對話能否持續進展，完全仰賴對方如何解讀你說的話。而一句真心的「對不起」，卻能讓情況有所不同，它讓你自由嘗試新的做法，同時也把無法奏效的做法排除在外，或歸類為跟你無關的外在力量。所以，這麼做反而讓你取得掌控權。

研究顯示，有保留的、小心謹慎或含糊其辭的道歉（如前文學員提及的道歉）無法發揮效果。而且，這麼做還可能導致反效果。承擔責任的真心道歉更可能奏效。即使在不危及實質好處的情況下，不把「對不起」這幾個字說出口，確實讓人在心理上好過些。所以，要想做出真心的道歉，說出「對不起」這三個字，就要放棄這個心理上的誘餌。

這種示弱的表達，避免雙方在想法和行動上較勁，在對話中創造一種不同的權力平衡。有效的道歉能發揮下列作用：

- 讓你對自己負責，克服眼前的心理誘惑，追尋對你更深層的價值觀。
- 創造可能性，影響他人一起效法。
- 肯定對方的看法，讓對方平復心情，把注意力集中在更深層的價值觀和承諾。
- 能促使雙方冷靜下來，共同創造解決方案，找出跨越先前看似進退兩難的困境。

表5列出我們研習班學員坦承自己製造陷阱的一些例子：

- 表5：人們承認自己製造陷阱的實例

處理未能進行的談話	**處理未能有效進行的談話**
給文生叔叔：關於你在石油開採領域的生意，我一直因為害怕爭執而沒有提及此事。雖然我總是說，我希望你停止參與這種難以持續的產業，但實際上我也想表現出我是對的，藉此批評你。我這麼做讓彼此疏遠，不但貶低你，也傷害我們之間的關係。	我跟娜塔莉這名員工談論保麗龍杯的事情時，我表現得太過自大，覺得自己無所不知。雖然我總是說，我想要雙贏的解決方案，但事實上我也想要表現我是對的，讓大家覺得我是專家。結果，搞得大家缺乏信任。我對我過去的做法深感抱歉。
給公司某位董事：關於我們取消回收服務一事，我表現得太過膽怯。雖然我總是說，我想找到更有效的辦法節約成本，但我同時也設法避免衝突。結果，我沒有找出跟公司核心價值和我個人未來願景相符的做法，錯過為公司做出貢獻的機會。	針對防止連鎖店踐踏人權，寫給某位餐飲服務管理人員：在我們的對話裡，我表現得太過高傲、固執己見。雖然我總是說，我想防止人口販賣和強迫勞動，其實我也想透過改變你們，發揮影響力。結果，這樣做讓我們之間斷了聯繫，也讓彼此都很沮喪。我想要改變這種做法。

我們也看到這種「認錯」的做法，在不同對話和書面溝通上奏效。蘿拉・葉茲（Laura Yates）透過拜倫基金會，認識我們的溝通研究。她提到大學畢業前的一次旅行，我們在這本書〈作者序〉裡簡單提到這個故事。

再過不到一週的時間，我們就要畢業了。我們一起慶祝大學四年同窗時光，這時，我們突然談到氣候變遷這個話題。跟我最要好的一位朋友說，他認為科學家只是想嚇嚇我們，藉此改變我們的行為。我馬上大聲指責他竟然不相信科學。我拒絕聽他的辯解，直接用一句話粗魯地結束談話：「胡說，我不想再跟你講下去了。」

大家都愣住了，沒人敢吭聲。在接下來那幾天裡，我真的覺得很難過。那時，我緊閉心房不想跟朋友溝通，也徹底錯過針對氣候變遷進行有用討論的機會。

對話陷阱方面的學習讓我理解到，那次對話中，我因為當時的狀態而失去什麼。我也明白，我有能力跟我那位好友重新展開對話。我記得當時我們說了什麼，我可以運用一種不同的狀態重啟對話。所以，我寫了這封信給他：

尼克，我想跟你聊聊，也想為我在那次旅行做的事表示歉意。你說你不相信人類活動導致氣候變遷，我就對你大叫，粗魯地結束對話。我這種反應，說明我沒有開放心胸，而且這樣做也不是真正好朋友該有的行為。我表現得咄咄逼人、不屑一顧，根本不像一個朋友，也不像我想成為的那種人。

現在，我要承認（因為我們剛開始談論這個話題時，我沒有這麼做），氣候科學對氣候變遷仍未有定論。不過，所有科學都包含這種不確定性。這種不確定性讓我感到害怕，因為它威脅到我過去做出的幾個選擇。我沒有坦誠面對這個不確定性，反而故意藐視你說的話，認定我是對的，你是錯的。

我的反應傷害我們之間的友誼，也讓我們身邊的人感到難堪和疏遠，而當時正是我們應該放鬆心情，好好享受大學時期最後幾天的美好時光。

如果我當時從友情和關愛的角度出發，那麼我應該這樣說：「氣候變遷這件事尚未成定論，科學本身就包含不確定性。我希望關於人類活動導致氣候改變的情況，不像人們所說的那麼嚴重。不過，我真的覺得我們身為人類，必須理解人類活動對氣候變遷產生的影響，然後採取應對措施。萬一我們的活動確實引發自然環境出現這些改變，這就是為什麼，我決定在這個領域繼續研究和學習的原因。」

如果日後我犯了同樣的過錯，希望你能毫不猶豫地告訴我，讓我為此負責，無論當時只有你，還是有其他朋友在場。我知道，事情過了將近一個月才提及此事，肯定會讓你覺得我很奇怪。但那是我們畢業前最後一次對話，我不想讓它成為永久的回憶。我想讓你知道，我真的非常珍惜我們的友誼，我為先前沒有表現出與你為友對我有多重要，在此真心向你道歉。

愛你的，蘿拉

我們看到這封信時，被寫信者的真情流露打動了。蘿拉承認氣候變遷的不確定性，也向對方道歉，這可是相當不容易做到的事。同時，我們也從字裡行間看出她的真誠，她真心想跟尼克溝通，想挽回友情。我們也能看出，蘿拉再次聲明自己的價值觀：為什麼她選擇在環境保護領域繼續研究和學習。我們迫不及待想知道後續發展。

寫完這封信，我決定打電話給尼克，把信唸給他聽，希望我能用可以增進彼此友誼的正向態度，重新展開對話。唸這封信給尼克聽，讓我不得不跟他表露自己的內心，好讓他更願意與我輕鬆交談。聽我讀完信後，尼克馬上跟我說，他對自己在那次對話中的態度也感到抱歉。他也表示，有興趣進一步了解氣候變遷的相關知識，因為那是我很關心的事。他還開玩笑地說，我們都是性情中人，所以他對我們一開始吵起來，一點也不感到奇怪。聽他這麼說，讓我恍然大悟，如果我能在所有對話中，都表現出同樣熱情和體貼的狀態，那麼對話會多有說服力、多有效果。

經過寫這封信既難熬而又尷尬的過程，我明白自己為什麼會對氣候變遷相關話題如此敏感。我既訝異又驚慌地發現，我竟然要做這麼多的努力，才能避免指責尼克，同時掌握自己在對話時的主動權。

這次對話發生後，我在跟叔叔、祖父母、同事、教授和其他人的對話中，都刻意表現出同情和理解的狀態。我先前不敢進行的許多對話，現在都有很好的進展！

表明你的狀態跟你想要創造的未來一致是一回事，表現出這種狀態則是另一回事。要想表現出這種與願景相符的狀態，首先你要為對話先前陷入的僵局負起責任。

EXERCISE

練習⑳ ✕ 給「對方」寫一封信：

寫一封信給陷入對話僵局的另一方，反思你過去在對話裡的狀態。在信裡，坦承對話陷阱的不同層面。你可以參考練習19（在想像中開啟談話）和蘿拉的信。不過，你要以自己的措詞，寫一封真情流露的信。

注意，寫信時，在列出當時你所處陷阱的各種狀態後，你可能發現自己感到詞窮，你可能會想：「如果我的新狀態跟理解和開放有關，那就跟我要説些什麼無關，而是我要如何傾聽、如何提問。」你這麼想並沒有什麼不對。而且，我們在下一章會教你如何問對問題。現在，你可以開始想像你想問對方什麼，譬如：「你怎樣看待這次對話？」

現在，想像你正用這封信跟對方溝通。你可能比較想把信寄給對方，或唸給對方聽。或者，你只是利用這封信在展開新的對話前，釐清自己的想法和措詞。

你會遇到各式各樣的回應

當你想像說出自己過去落入的陷阱，並為過去的做法負起責任時，你認為對方會有怎樣的反應？你的腦子裡浮現什麼想法？你的身體產生什麼感覺？你覺得對方會有什麼感覺？你能想像他（她）會想些什麼又會說些什麼？

如果你能讓對方了解信的內容，對方很可能會被你打動並深受啟發。他們可能會反思自己在對話中的狀態，並向你坦白。你們將一起釐清和探索先前不知道有可能存在的共同立場。你們會想出各式各樣的解決方案，解決先前看似無法解決的問題。或者，如同葛蘭特的例子，為了追求某個更有意義的目標，你可能徹底拋掉過去的問題。

當然，這些結果可能不會馬上發生。另一種情況是，你提出的新做法讓對方很感興趣，但同時抱持懷疑的態度。我們有一名學員說，他採用新做法來談論他老婆的開車作風，他認為那樣開車太快也太危險了。以往，他為這件事跟老婆爭吵，不然就是拒絕坐老婆開的車。後來，他改變自己的狀態，試著稱讚老婆開車技術好，也坦言自己害怕車速太快。他老婆一開始的反應是，「好像哪裡不對勁」。當他繼續這麼做時，他老婆乾脆質問他：「你怎麼了？」

這種反應很正常。我們的同事、朋友和親人都了解我們的做事方式。當我們展現新的狀態，我們不應該期待他們完全接受。後來，這位學員和老婆一起針對陷阱和脫困方式的練習做更多溝通，也表達他想讓家人和整個社會都變得更好。他老婆了解他立意良善也明白他為何有此轉變後，就改變自己的開車方式，做到不超速，依照路況行駛。

承諾行動、才有成果

到現在為止，我們已經從拋棄舊狀態，包括與其相關的陷阱和誘餌，邁入發現新狀態的階段。我們開始設想新的行動，我們寫一封信給對方並展開新的對話。

做完這些設想後，我們是不是就可以採取行動，改變或開啟新的對話，最後獲得我們想要的結果？那可不一定。想想看，你的新年願望有多少成真了？我們兩人的新年願望幾乎都沒有實現。通常，願望和實際行動之間缺少一個重要環節，那就是「**承諾**」。我們這裡說的「承諾」不只是你腦中的想法，而是某次實際對話，是你向他人做出的承諾。

能有效推動行動的承諾，無論在時間還是在地點上，都跟現實密切相關。這種承諾都具體明確。如果你想展開新的對話，那麼**你想在什麼時間，什麼地點進行這次對話**？如果只說「某天」、「儘快」或「遲早有一天」是不行的，就算你說「明天」也不確定。我們總是說，「明天」再開始健身。看看這兩種說法之間有何不同，一種是「我下週要開始新的健身計畫」，另一種是「我下週二早上七點要開始新的健身計畫」。

EXERCISE

練習㉑ × 為對話做出承諾：

你想在哪個確切時間和確切地點，為先前陷入僵局展開新的對話，並在對話中展現你的新狀態？

現在就是做決定的大好時機。如果不是現在，那要等到什麼時候呢？在你的行事曆或日記本裡記下這個時間，或在手機裡設置鬧鐘或提醒事項，使用任何可靠工具都行。如果你需要跟對方確認時間，現在就給對方發訊息、打電話或寄電郵。現在，就把這件事敲定。

找一個人監督你。把你寫給對方的信或對話要點告訴你的搭檔、配偶、同事或親友，讓他（她）知道對話的確切時間，並另外約好時間討論對話過程和結果。

現在，是完成你在第3章到第6章做的所有練習的好時機。如果你還沒有完成這些練習，那麼請完成練習21。再繼續閱讀本書。

注意，你是不是還想繼續看下去，而沒有完成練習21。此時，你心裡可能百般不願意。蘿拉克服許多心理障礙，最後才鼓起勇氣打電話給尼克，解決兩人在海灘上不歡而散那件事。蘿拉必須克服幾項心理障礙：

- 「我不想跟別人提這件事，因為這樣做有損我的形象。」
- 「因為那件事已經發生一個月了，再提這件事實在太奇怪了。而且尼克現在可能忙著搬家和投入新工作，我不想把信給尼克看。」
- 「我不想打電話給他，唸這封信給他聽，因為我不知道他正在幹麼。我不想造成他的不便，讓他措手不及。」

但是，蘿拉最後成功克服這些障礙，因為她明白她想要的未來，她知道她想跟尼克保持怎樣的關係，她知道自己想有怎樣的成長，以及她想要怎樣的世界。這一切，值得她如此努力。

我們看到這些做法已成功運用於相當多的狀況中，從洛克希德・馬丁公司（Lockheed Martin）、博士公司（Bose）和資誠集團（PwC）到美國海軍，都因為這些做法受益良多。洛克希德・馬丁公司的研發主管布倫特・西格爾（Brent Segal）這樣表示：

我跟公司副總裁再三提議改變某個重大專案的執行方向，結果對話陷入僵局。在研習班上，我發現在這些對話中，我表現得太傲慢自大。我決定讓自己靜下心來，努力傾聽，接納對方的意見。就在隔天，我跟那位副總裁原定十五分鐘的對話，延長到四十五分鐘，而且最後把這件事搞定了。

就是這種實際個案激勵我們撰寫這本書。當對話不再是障礙時，一切都成為可能。

本章摘要

- 要讓對話重新展開，就從承認我們的狀態和誘餌，並為我們導致僵局而道歉做起。
- 有時，我們不願意道歉，因為我們認為道歉會讓我們喪失權力。但事實上，道歉讓我們負起責任，也改善我們與對方的關係，反而讓我們獲得主控權。
- 針對我們的道歉，對方可能不會馬上改變自己的行為和看法。但是，道歉確實為對話開啟一個管道。道歉能讓對話擺脫過往的僵局，讓雙方共同創造未來。
- 由於承認自己過去的狀態，會讓你感到相當無助。所以，在實際採取行動前，也需要做出某種程度的承諾。請你的搭檔監督你，讓你落實行動。你會發現這樣努力是值得的。
- 做練習：針對某次對話進行角色扮演，詳述當時你遇到的對話陷阱並向對方道歉。先做出承諾並採取行動。找到對方，重新展開對話。

Chapter 7

接受衝突——差異如何發揮作用

Embrace the Tension

How our differences can makea difference

到現在為止，我們一直都在指引你如何破除僵局。如果你做了這些練習，現在你已經把先前陷入僵局的某次對話重新展開。你或許以一種公開明確的方式，指出並承認自己先前的狀態，以及引你落入陷阱的誘餌。你分享對你有意義且重要的事情，還有你對彼此關係和對未來的期望。我們希望我們的方法已經協助你和對話對象打破舊有模式，開始攜手前行。

你可能也發現，在你工作和生活的其他方面，你並沒有遇到對話陷入僵局這種情況，也沒有先前存在的陷阱或狀態。你還沒有遇到僵局，你也希望情況可以一直維持這樣。但你還是得弭平一些差異，解決一些衝突，譬如說，你看待世界的方式跟（你認為）「別人」看待世界的方式。也許，你是某個團隊、組織或政黨的一分子，這些團隊本身就存在歧見，雖然你個人並沒有牽扯其中。也許他人對你有所期待或有刻板印象，而你對他們也有類似的期待。在那些情況下，你會想避開陷阱，從一開始就展開真誠有說服力、又有創意的對話。

本章的目的是要教你如何與不同行業的對象對話，取得有創意又有建設性的成果。關鍵前提是：我們可能會覺得「我們」跟「他們」之間的緊張關係，是達成創意解決方案的障礙。但實際上，創新和進步的可能性就是從接受這種緊張關係而出現的。

把不同觀點之間的對立當成潛藏的能量。如果這股能量過高，我們會因為不想被它所傷而選擇迴避。但是，如果我們能讓這股能量慢慢釋放，那麼這股能量就會非常有用。它能激發我們的行動力和創造力。為了善用這股能量，我們提出四個步驟，協助你在充滿歧見的世界裡展開（或重新展開）新的對話：

1. 釐清彼此的價值觀：超越就事論事的爭論，設法理解雙方在對話中的情緒，譬如：每個人最關心什麼？
2. 為對立負起責任：承認你、你的團體和你所屬社會運動中的其他人，如何製造彼此價值觀之間的取捨、衝突和分歧。面對你內心的衝突和矛盾。
3. 擴大思考的格局：表明有意願破除價值觀之間的明顯取捨。
4. 發現創新的可能：進行腦力激盪、搜尋、連結、開發和創造，超越既有界限。

我們將在後續內容詳細說明這些步驟。

釐清彼此的價值觀

當我們因為自以為正確，自以為是正義化身，自以為確定無疑和自以為安全等誘餌，而讓對話陷入僵局時，我們的對話往往著重於人們所說的**事實**或**內容**。拿我們兩人為例，我們都有政治立場偏保守的親戚，他們會說：「我不認為人類活動導致氣候變遷這種事是真的，我覺得這是政府意圖干預經濟的藉口。」聽到這種話時，我們的直覺反應就是拿出事實跟他們辯駁，告訴他們從科學上來說，他們的看法是錯誤的，並且向他們證明地球溫度一直在上升，氣候日益反常，而人類排放的溫室氣體就是造成兩者的元凶。我們發現自己太過理性，高談雄辯又沮喪萬分。我們提出問題想駁倒對方的論述，比方說：「你這麼說有什麼根據？」

我們在對話時，語氣往往咄咄逼人，不然就是小心防備，因為對方也能聽到我們問題的潛台詞。在他們聽來，我們就好像在說：「你根本不知道自己在說什麼。」即便我們當時說贏對方，但事後我們的收件匣裡仍會收到，對方寄來一大堆支持他們觀點的網頁連結和書籍資料。

現在，我們來看看我們的親戚們怎麼說：「氣候變遷是政府意圖干預經濟的藉口。」這句話潛藏的意思已經超越氣候變遷這個事實。其實他們是在表達自己的**價值觀**。如果我們把注意力集中到這一點，情況會如何呢？

他們有自己想要創造的未來。他們關心機會和自由，他們想要擺脫政府控制的生活。如果科學家和環保人士告訴他們，為了解決氣候變遷這個問題，就要放棄他們想要的那種未來，那麼他們當然很難接受。不過，我們可以傾向支持那種未來。我們自己也想要充滿機會和自由的未來，**而且**我們也想減輕氣候變遷造成的傷害。由於雙方都想要那種未來，所以創造出一個共通點。

人們的價值觀是依據關切層面而建構的

有很多理論模型可以幫助我們釐清潛在的價值觀。我們先介紹我們提出的「**關切層面**」（spheres of care），關切層面能幫我們理解我們對社交生活不同「**部分**」和「**整體**」的想望。關於「創造更美好世界」的對話，往往跟某種「整體」的命運有關，譬如整個學校體制、整個公司、整個價值鏈、整個政府、整個社會、整個生態系統和整個地球。但是，這些整體都是由部分所構成。後者通常是某個人、某些人，或者是特定人士關心的基礎設施和生態系統。如果我們關心某個整體的未來，通常是因為我們是那個整體的一部分，或者我們關心的人是那個整體的一部分。圖4顯示從我這個個體到「所有生物」，這種部分到整體的套層關係。

議題、倡議和各種社會運動的出現，正是因為個體（部分）的關切與集體（整體）的關切產生矛盾與衝突。以下就是一些實例：

- 我的小孩不打疫苗或許也不會染病，只要其他孩子都打就可以。但是，如果所有孩子都不打疫苗，當傳染病爆發時，許多小孩就會得病。
- 開車上班可能比搭公車或騎自行

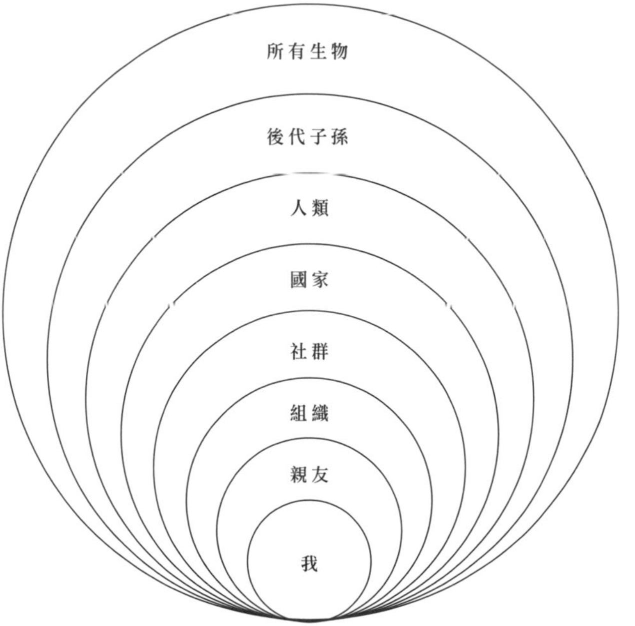

圖4：關切層面

車上班更快。但是，如果大家都跟我一樣，路上就會塞車，我們也不會大力投資做好公共運輸和自行車的基礎設施，結果每個人的通勤時間都會拉長。

- 我們可能希望學校或企業能依照個人特質來招收學生或招聘員工，但如果許多學校或企業都這麼做，結果就會造成社會不平等。

在衝突情況下，想想你和對方最關切的層面？是否關心某個整體，必須犧牲其中某個**部分**的利益？一旦你認清其中的緊張關係，我們就能協助你善用這股創新的潛力。

EXERCISE

練習㉒ × 了解彼此的價值觀：

寫下你的一些價值觀：

- 在對話、關係和生活中，你真正在意什麼？你可以依照你在第5章所做的練習，回答這個問題。
- 你的價值觀位於哪些關切層面？你代表哪些人的利益？你最想保護和關切哪些部分或整體？說出具體的社群、地點或人群。

- 你最希望整體（組織、社群或社會）具備怎樣的特質？
- 對你個人來說，什麼東西最重要？

現在，用同樣問題分析你想要交談的對象。

- 寫下你認為對方最在意什麼。用一種肯定的形式清楚說出這些價值觀，譬如：對方**支持**什麼（而不是反對什麼）。對方的關切層面為何？對方如何表達自己的價值觀，在哪些方面表達自己的價值觀？

當你用肯定的語氣列出對方的價值觀時，你可能會驚訝地發現，你自己也贊成這些價值觀。我們有一位學員致力於全球永續發展，但卻面臨來自公司財務長的阻力。在深思財務長的價值觀後，這位學員突然明白一件事：

> 其實，財務長每天都在思考永續發展這件事。他真正重視和關心的是企業的永續發展。如果我們在財務上出狀況，就不可能達成任何目標，無論是永續發展或是其他方面。

在有此頓悟後，發生什麼事呢？他發現自己必須理解公司進行一項環保計畫的經濟成本和效益。有此認知後，他就能提出新的做法。

為對立負起責任

一旦你認清對話中出現的不同價值觀，接下來的步驟就是承認這些價值觀如何導致對立，並且為此負起責任。在這個步驟中，你必須表現出自己的弱點和真誠。不過。這也可能是最有趣的部分。

想想我們在圖4列出的關切層面模型。在衝突發生時，我們往往體驗到整體與部分就像兩個背道而馳的極端，如圖5所示。

這個觀點把價值觀當成個體需要和集體需要之間的一種取捨、權衡或選擇。在這種取捨的觀點下，我們做出自己的選擇：要麼保障自己開車、飲食、賺錢的自由；要麼犧牲這種自由，成為利用公共運輸的素食主義者，為非營利機構工作，領取微薄的薪資，這樣講是不是覺得很熟悉？

當我們採取這種思維模式，並以這種方式看待世界，有時我們所能想到的最佳結果就是「妥協」，也就是選擇折中的立場，如圖6所示。我們在商場上，經常看到這種情況。你用過「環保清潔產品」擦拭浴室磁磚，但效果卻不如傳統產品嗎？你開過油

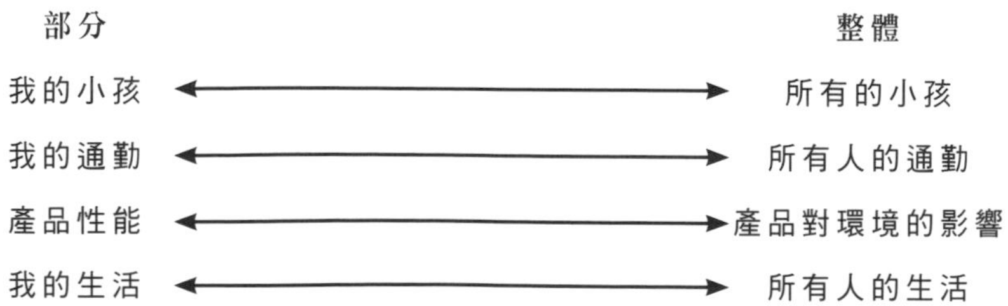

部分		整體
我的小孩	⟷	所有的小孩
我的通勤	⟷	所有人的通勤
產品性能	⟷	產品對環境的影響
我的生活	⟷	所有人的生活

• 圖5：部分與整體之間的取捨

門踩下去、車速卻遲遲無法加速的「潔淨能源車」嗎？這兩種東西，我們兩人都買了！（我們不在意家裡的浴室不像以前那樣亮晶晶，開著混合動力車在城裡四處跑，還對自己做出的妥協感覺良好。）

首先，我們要承認過去的解決方案，只是強迫對方從這些價值觀當中挑選一種，或是迫使他們在這些價值觀當中做出妥協。當我們只能想像必須在行為、產品或策略上做取捨時，我們的對話就只會在彼此爭辯中陷入僵局。我很可能發現自己告訴你，你應該要什麼，其他部分就該放棄，藉此將彼此的需求拉近。但這樣做，我就落入自以為是的陷阱。所有人都這樣做，就會形成一種對立文化，讓所有人受苦。

為對立負起責任表示，首先你要承認對立過程中，確實存在一種妥協或零和遊戲的潛在想法。然後，承認我們自己的矛盾。如果有機會，我會想在我的生活和所有人的生活、或者在產品性能和對地球的影響，在我的小孩和所有的小孩之間擇其一嗎？坦白說，我根本不想為兩者中擇一而爭論，我兩者都要。

承認我們自己的矛盾可能很難。你甚至很討厭「矛盾」（ambivalence）這個詞。這個詞來自拉丁語「ambi」，意思是「兩者」，而「valentia」意思是「力量」。有時，我們太執著於矛盾的某一邊，

- 圖 6：當我們發現必須在不同價值觀之間做出一個重要取捨，我們可以想像最好的狀況是雙方當中有一方要妥協

而把另一邊看成是錯誤的，以至於我們需要深刻反思才能認清對立這件事。但是，如果我們能看出兩種價值觀都有優點，甚至都值得擁有，並且承認我們必須為造成對立負起責任。那麼，結果就可能有所不同。

關切層面模型是用來幫你看清和擴大你的觀點。雖然它不是一個全方位的模型，卻說明當你追求更美好的世界，你會經歷哪些緊張與衝突。你會發現，你的幸福是所有人幸福中的一部分。然而，這兩者似乎也彼此矛盾。同樣地，我的成功和我所在組織的成功，也是既密切相關又相互矛盾。當我們認清這種關係，我們就更容易找出我們真正要的解決方案。而這種解決方案會打破固有的取捨，努力達成雙方的價值觀和目標。

價值觀因政黨、派系而不同

有關**政治性**的對話，我們要考慮自己的政黨和意識形態的「道德基礎」，以此強化關切層面模型。社會心理學家強納森・海德特（Jonathan Haidt）表示，人類天生就關注六種道德價值觀，分別是：關懷、自由、公平、忠誠、權威和聖潔。儘管自由派、自由主義者和保守主義者對這些價值觀的重要性和理解，存在系統性的差異，但其中每一個價值觀都是我們每一個人與生俱來的。於是，在探討什麼才重要時，你可能會問：他們覺得哪個價值觀最重要？我們覺得哪個價值觀最重要？他們想保護誰的自由？我們想保護誰的自由？我們想關心或公平對待哪些人？我們要對誰表達忠誠？我們認為怎樣的權力結構才重要？

二〇一六年共和黨召開全國代表大會期間，在克里夫蘭市街頭發生下面這件事。時間就在唐納德·川普（Donald Trump）被提名為共和黨總統候選人前。歐文·施洛耶（Owen Shroyer）坐在一家酒吧裡，看見范·瓊斯（Van Jones）走過去。施洛耶是一名記者，任職於「資訊戰」（InfoWars）這家宣揚自由主義和憲法主義、代表極右派的新聞媒體。瓊斯創辦幾個社會和環境正義組織，同時也是歐巴馬總統在環保事務方面的特別顧問。他也在美國有線電視新聞網的《交火》（Crossfire）節目裡，擔綱自由主義時事評論員。

施洛耶巧遇瓊斯時，剛好是警方和抗議者針對刑事司法制度的種族歧視問題，在全國爆發衝突期間。施洛耶和他的攝影師馬上放下手上的飲料，衝到人行道上攔下瓊斯要求採訪。瓊斯一邊躲避川普支持者的激烈質問，一邊回答幾個關於種族和種族主義的問題。在這段採訪中，他多次表達自己的矛盾，他和施洛耶的關係也起了變化。

> 這樣很棒，我沒有躲你，也沒有不跟你說話，因為這就是我們應該做的事。我沒有去拿槍，你也沒有去拿槍，我沒有罵你，你也沒有罵我。我們可以來回討論……能這樣平心靜氣交談的唯一原因是，你為那名黑人死在警車裡而哭泣，跟我為那些警察死在那個恐怖頑強的狙擊手槍下而哭泣一樣。如果你在那些葬禮上哭泣，我也在那些葬禮上哭泣，我們一起哭泣。那麼，我們就能找到一種方式，讓我們的警察變得更好，也讓我們的孩子變得更好。

沒有哪一位領導者……能解決所有問題，也沒有哪一個政黨能解決所有問題。如果國家運作順暢，共和黨就會丟出一些問題。他們會說：「這件事要多少錢？誰來付錢？」共和黨人就是該問這種問題。共和黨人會問：「政府有必要這麼做嗎？」那也是共和黨人該問的問題。而民主黨人則說：「你見過只做能讓企業賺錢之事的國家嗎？其他事情怎麼辦？」我們就該問這種問題。我們會問：「那些可能被大多數人欺壓的少數群體怎麼辦？」我們就該問這種問題……當我們以對的方式聯合起來時，共和黨人談論自由、個人自由和小政府；民主黨人談論正義，談論少數族群該怎麼辦，談論關於所有人的自由和公正。這才是美國，這才是事情應有的樣貌……現在問題出在，如果你支持自由，我就說你是種族主義者。如果我支持正義，你就說我是社會主義者……我們不能再這樣下去。

採訪最後，施洛耶轉向鏡頭說：「老實說，過去我非常討厭瓊斯，在網路上大概是這樣。現在，我要向前邁進，改變對他的看法。」隨後，他建議瓊斯來「資訊戰」，走出他的自由派支持圈，跟其他觀眾分享他的理念。

我們以瓊斯的故事說明，我們不是要求你只用你認為對方關切的言詞，包裝或掩飾自己的價值觀。我們要求你把他人的價值觀內化到自己心裡（在你要求對方這樣做時）。在剛開始時，我們建議你使用這些工具探討你真正關切什麼，透過承認自己的矛盾，你就能更胸有成竹地跟與你觀點不同的人對話。而且，藉由不斷地練習，你也能在對話中，即時處理可能發生的對立狀況。我們會教你如何使用各式各樣的價值觀，尤其是看似衝突的價值觀，作為繁榮與創新的來源。

EXERCISE

練習㉓ × 了解彼此的價值觀（接續前一個練習）：

想想你自己的價值觀和你想吸引的對象或群體的價值觀。必要時，使用關切層面模型和道德基礎模型。列出兩張表，一張是**我的價值觀**，一張是**別人的價值觀**。

現在，想想他們的價值觀何時或以什麼方式，在你的生活中曾經重要過。想想你曾經在哪裡支持過他們的價值觀，或許是在另一種情境下。你們在哪方面有共同價值觀？如果有的話，你們的哪些價值觀似乎互相對立？

回答這些問題時要做一些筆記，寫下你的價值觀跟他人的價值觀如何產生關聯。

考慮找其他人或其他團體的成員，針對各自的價值觀進行討論：

- 問問他們，你是否正確地了解他們的價值觀，以及他們曾怎樣描述自己的價值觀。
- 分享在什麼情況下，他們的價值觀讓你產生共鳴。
- 詢問對方，你的哪些價值觀讓他們產生共鳴。
- 探討你們在哪些價值觀上似乎存在根本衝突。

擴大思考的格局

一旦我們開始承認，我們和他人的價值觀都有憑有據，也承認以往的妥協與對立，那麼現在就是改變對話基本假設的時候了。與其以一種對立的觀點看待世界，我們不如創造一種雙向度的對話。

MFS投資管理公司的西恩・肯尼（Sean Kenney）和羅伯・威爾森（Rob Wilson）遇到一個難題。他們過去一直在協助公司的投資團隊和客戶，將環境、社會和公司治理標準的分析，跟投資決策流程加以整合。他們的目標是找到能超越市場（績效），又能妥善管理社會、環境影響（風險和機會）的企業。當他們接洽客戶（退休基金、慈善基金等機構投資人）時，卻發現自己一直聽到反對意見：「我們不做社會責任型的投資。我們擔負著讓投資組合報酬最大化的信託責任。」基本上，人們並不採信「雙贏」這種說法。他們認為，雙贏就表示要在投資策略的經濟績效和社會影響之間，做出一個重大妥協，如圖7所示。

這種取捨的心智模式非常普遍，是阻礙永續發展行動的一種內在對話，而且十分常見。

西恩和羅伯意識到，跟相信「一定有取捨」的客戶爭論「這種投資決策不涉及取捨」，不會讓事情有任何進展。

於是，當西恩和羅伯再次接洽客戶時，他們秀出一張投影片，上面列出一個投資報酬率和社會價值的關係圖，這張圖不只有一個向度，而是有兩個向度。也就是說，理性的長期投資人應當同時關注社會影響和投資績效。他們畫了一條類似圖8中的「下坡式」取捨線（社會價值愈高，投資報酬率愈低），並說明：「這是看待投資環境十分常見的方式，這種看法其實沒有錯，因為有些投資確實投資報酬率低，也對社會產生很大的影響，反之亦然。」他們甚至舉出一些實例證明這種看法。其中包括提高工資可能對短期財務績效造成負面影響，以及在沒有受到社會制約的情況下，投資汙染工業反而能拉高短期報酬。

「而且，」他們說，「我們可以想像這條線外移，找到一個可以破除取捨的高明投資策略。我們可以藉由關注其他投資者忽視的資訊，來做到這一點。」此時，他們舉出幾個實例，說明精心設計的環境策略和有益社會的明智策略，如何表現得比財務評估基準更好。

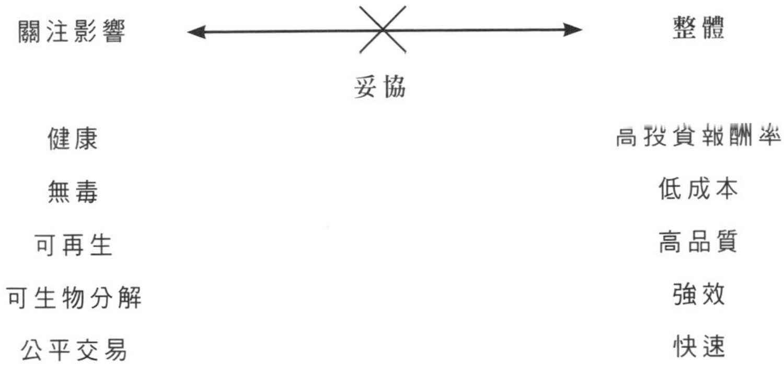

- 圖 7：企業界與投資界中的單向度對話

在圖9裡，我們把這個「外移」動作，描述為超越取捨，邁入新領域。要這樣做就需要創新，但這樣做也是往繁榮發展的方向前進，讓個體、企業和社會都因此受惠。

這麼做獲得相當顯著的成效：MFS投資管理公司的客戶對這次對話給予相當滿意的評價，而且他們也開始慎重考慮採用MFS的環境、社會和公司治理分析。這次對話開啟前所未有的新領域。

我們可以把這種做法當成是一種修辭策略：

- 描述這種沒有言明的「折中」或「取捨」的心智模式。
- 用實例證實這種心智模式的存在，以表示你理解它們存在的緣由。
- 邀請對方思考超越這種取捨的可能性。
- 跟對方一起討論可能的新做法，判斷新做法能將「雙方」的目標落實到何等程度。

當然，打破取捨、落實「雙方」目標的解決方案未必顯而易見。但是，你可以把對話導向可能會發現這些解決方案的新領域。要想進入這個創新領域，就必須跟那些能挑戰你拓展原有價值觀的人們對話。

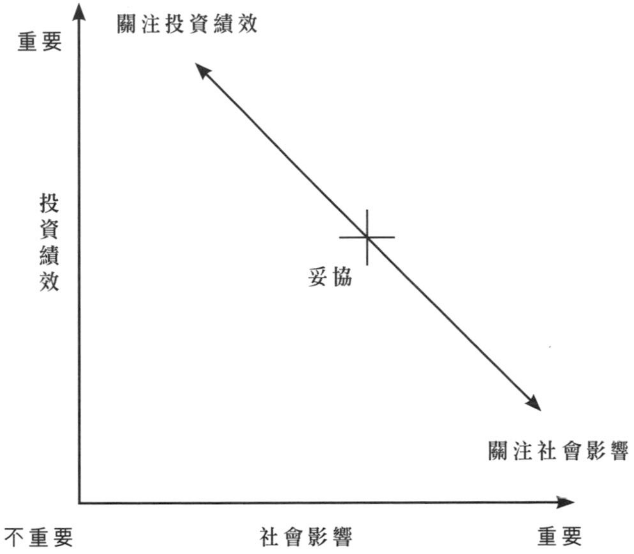

• 圖 8：在投資績效和社會影響之間取捨的一種常見中立模式

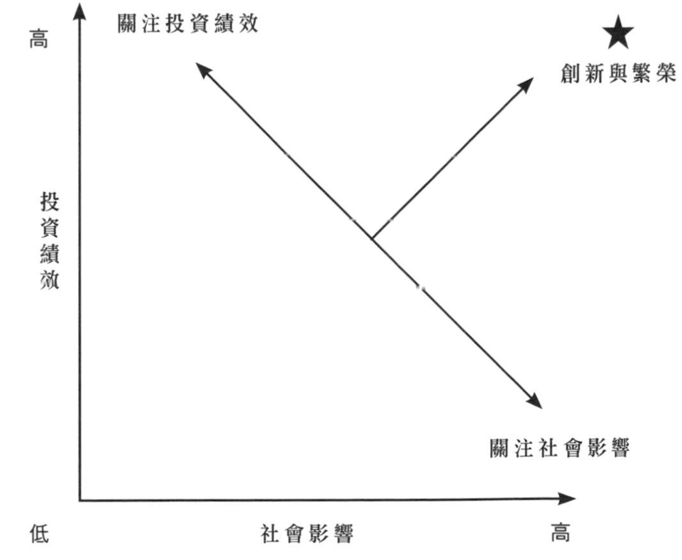

• 圖 9：透過協商打破取捨

EXERCISE

練習㉔ × 超越單向度的對話

在創造更美好世界的過程中，你在哪些方面經歷最大的壓力？

首先，畫一條直線表示這個壓力，這是你重視的兩件事情之間的取捨，也可以是你重視的事情跟「他人重視的事情」之間的取捨，見圖10。直線兩端可以是抽象的概念，譬如說：一邊是個人權利，另一邊是集體利益；或者一邊是自由，另一邊是正義；或者一邊是經濟成長，另一邊是環境保護。直線的兩端也可以是社會群體，比方說：一邊是都市有色人種，另一邊是鄉村白人。另外，直線的兩端也可以是不同的關切層面，例如：一邊是我的部門，另一邊是整個組織。

你有沒有發現自己在這個直線的兩端游移不定？你有沒有把一端當成「對的」，把另一端當成「錯的」？同樣地，你是否把各端支持者的言行，也看成有一端是「對的」，另一端是「錯的」？

相互競爭的目標 1 ⟷ 相互競爭的目標 2

• 圖 10：相互競爭的目標

現在，畫一張表示雙向度的圖，分別用橫軸和縱軸表示兩種價值觀，如圖11所示。

怎樣的「解決方案」其實是妥協，是要求人們在實現某個目標時，要放棄另一個目標？這些目標可能是指習慣、產品、策略或政策。

想像自己不斷開拓對話疆界，探索圖11中標記星號的創新領域。你能讓自己相信，在那個新領域有什麼可能性嗎？如果你想像打破妥協是可能的，那麼，這樣做是否讓你更容易承認兩種價值觀都很重要？

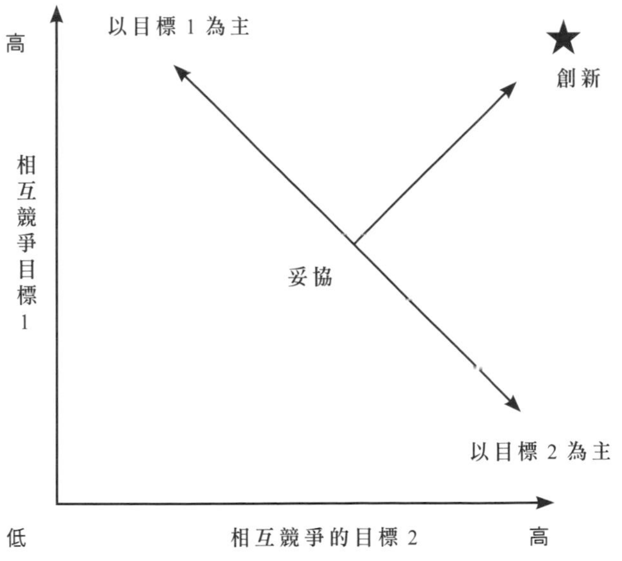

• 圖 11：妥協或創新？

如果你畫的圖代表你的目標和他人目標之間的緊張關係，那麼你該怎樣做才能讓對方同樣經歷承認歧見、承認妥協和擴大思考格局這種過程呢？

發現創新的可能

你可能發現，這種做法看起來像是創新的迭代過程：考慮可能性，產生解決方案並加以評估。實際上，那就是最根本機會。我們可以把焦點從人們認為必須做出取捨的過去和當下，轉移到我們可以共同創造的未來上面。我們可以把相互競爭的各種價值觀，當成創新和創意的驅動力。

EXERCISE

練習㉕ ✕ 想出不必在不同價值觀或不同目標之間做取捨的方法：

你或你的組織裡的其他人正在哪些事情上經歷不同價值觀或目標之間的取捨？在這些事情上，你有沒有聽他們抱怨說，滿足「雙方」目標的做法不可能存在，或者聽他們天真地談起，這種做法處處可見？

首先，列出發生在你身邊能夠證明取捨的實例，也就是實現某種價值觀，卻要犧牲另一種價值觀的解決方案。

現在，把這些事情分享給強調某種價值觀的人，並承認這種取捨是存在的。如果你發現你一直認為自己的觀點是對的，是代表正義，是確定無疑或安全，那麼你同樣要向對方承認這件事！

最後，承認有這種可能性存在，讓雙方在新的對話空間裡，認真考慮和評估能滿足「雙方」需求的做法。想想看，有什麼搜尋或腦力激盪流程，可以協助你們在這個新領域裡發現新做法？

共同探索如何依據相互競爭的價值觀，評價這些新做法。你們可以利用本章一開始討論的「釐清彼此的價值觀」的結構，作為指南。

當家庭、組織、社區和政府陷入對話僵局時，往往是因為現有解決方案對所有相關人士來說，都是一種過度妥協。打破僵局需要新的想法。如果我們能夠攜手並肩，釐清什麼最重要，並且接受不同價值觀之間的衝突，我們就有可能找到我們從沒有想過的最佳解決方案。神奇的是，推動我們找出這個解決方案的力量，可能正是導致僵局本身的對立！

本章摘要

- 你可以將對立轉變為創新和行動的能量。要做到這一點，你必須接受不同價值觀之間的衝突。
- 接受價值觀之間的衝突需要經過四個步驟，這些步驟能協助你打破對話僵局。但你必須先勇於承認自身落入的陷阱。這些步驟還能幫你在對立中展開新的對話。
- 第一個步驟是超越就事論事的爭論，**釐清彼此的價值觀**，以及相關的希望和恐懼。在理解他人想法時，可以考慮關切層面和道德基礎。
- 第二個步驟是**為對立負起責任**，承認自己的矛盾，也就是你對對方價值觀的擔憂。同時，你也要承認自己在對立形成中要負起的責任。
- 第三個步驟是**擴大思考的格局**，向對方表明，你希望超越無法讓任何一方達成目標的妥協做法，並且找到能破除在不同價值觀之間做出顯著妥協的解決方案。
- 第四個步驟是**發現創新的可能**。透過腦力激盪、搜尋、連結、構思和創造，找出熟悉做法以外的新可能性。
- 做練習：利用本章的練習，接洽價值觀或想法跟你不同的人。這些人可以是你在第 3 章到第 6 章的練習裡的對話對象，也可以是你想接洽的其他人或團體。

Chapter 8

擴大關注範圍——打造更有包容性的社會運動

Widen the Circle

Building inclusive movements

還記得我們在第1章裡提到原為農場移工的查維茲，後來成為美國最偉大人權運動者嗎？他是藉由跟一個又一個人對話，打造出這個人權運動。受到查維茲這種做法的啟發，我們寫的這本書也把重點放在人與人的對話，藉此協助你去接洽一個又一個跟你見解不同的人，而不是「只跟見解相同的人宣揚你的理念」。

基本上，捷徑是不存在的。要改變集體對話，就必須從改變個人與個人的對話做起。不過，就像我們即將看到的那樣，改變個人與個人的對話能讓你藉由訓練做好準備，進而改變更大範圍的對話。善用這本書提供的各種工具，你就能擴大自己探究和影響的範圍。

在二〇一五年舉行的一場綠色商業大會上，葛蘭特分享他在家裡回收垃圾的故事。某家大型汽車公司的一名主管說：「我們利用你那則故事，跟好幾萬名員工進行對話。」葛蘭特想知道結果如何，對方回答：「嗯，舉個例子來說，我們知道，當我們發電郵跟員工說明，不可以把有油汙的抹布放進紙板回收筒裡，這樣會汙染紙板回收。結果，這樣跟員工說明後，這種汙染情況反而增加了。我們有這方面的數據可以佐證，但我們仍然持續跟員工溝通。我們的電郵可能讓幾萬名員工覺得很洩氣，反而沒有去做原本可能樂意去做的事情。我已經跟我們的團隊安排一次會議，我們打算馬上解決這個問題。」

還記得第6章裡蘿拉跟她的朋友尼克的故事嗎？她如何學會勇敢真誠地跟尼克進行那次關於氣候變遷的對話？下面是這個故事的後續發展：

二〇一五年時，我在印第安納州政府進行暑期實習。在那段期間，我有機會見到副總統麥克・彭斯（Mike Pence），當時他還是印第安納州州長。他在他的辦公室為參與州長公共事務暑期實習計畫約莫三十名實習生，舉辦一場招待會，我也是其中的一員。多年來，彭斯州長一直堅決反對美國國家環境保護局（EPA）的潔淨能源計畫，而且他向來也沒有表態支持環保。如果照以往的思維，我會避免跟他對話，我甚至可能不去參加那場招待會，因為我會這麼想「不值得花時間去」，或者「我不可能發揮什麼影響力」。無論我決定要不要跟他對話，當時那種狀態只會讓自己的負面想法成真。

所以，我依據跟尼克對話的經驗，採取一種同情和理解的狀態參加招待會。我問彭斯一個問題，跟印第安納州的環境事務發展前景有關。讓我訝異的是，彭斯反過來問我對這個問題有什麼看法。於是，我告訴他，我在攻讀公共政策和環境科學的碩士學位，因為我立志保護環境和保障人類健康。我跟大家分享我認為印第安納州做得很棒的一個環保計畫。這個計畫為小企業提供免費技術支援，讓企業了解當地複雜的環境法規。這樣做既能確保經濟發展，又能保障環境健康。

讓我和其他實習生驚訝萬分的是，彭斯聽完我這番話，隨即為我們做了一場即興演說。他不僅描述印第安納州自然景觀之美，也提到州政府高度強調環境管理的重要性。這是我聽彭斯做過最重視環境保護的一次演講，而聽眾則是未來可能做出重要政策決定的一群人。

一年後，時任州長的彭斯跑遍全國各地，跟總統候選人川普搭檔參選。第一次總統候選人辯論提到氣候變遷後，川普競選團隊總幹事發表一則聲明說，川普「不認為人類活動造成全球暖化」。該週稍後，在美國有線電視新聞網進行的一次採訪中，主持人克里斯・庫默（Chris Cuomo）問彭斯，川普對全球暖化抱持什麼立場，彭斯回答說：「毫無疑問，美國和世界各國的人類活動，都對環境和氣候造成某種程度的影響。」

他的回答直接否認川普和共和黨的核心政策立場，讓我好驚訝。我無法知道我們在實習生招待會上的對話，是否對這個結果產生直接影響，也無從得知那次對話對彭斯個人的信念有多大的影響。但可以確定的是，想到那天我決定與會並進行那次艱難的對話，就讓我無比欣慰。

從現況做起。當你跟最親近的人對話，你就會知道這個世界需要展開怎樣的對話。你會更有自信，也會發現你可以跟他人分享的新途徑。或許，你會為自己推動的志業，設計出一整套表達方式，就像約翰利用訓練和教材為惠普企業所做的那樣。或許，你能激勵整個產業發生變革，就像梅麗莎和喬伊絲在英特飛地毯公司所做的那樣。你要知道，有些人或許只有你才能接洽得到，這個人可能是下一次選舉的參選者，也可能有一天擔任有影響力的重要職務。你不必煩惱該從哪裡開始練習，先找一個人對話，然後再找另一個人對話，就這麼簡單。

一起探索才能改變集體對話

不過，有些時候，你或許想退一步，從集體的層面看待對話。如果很多團體或整個社會運動都落入陷阱，會發生什麼？如果在我們推行的社會運動中，人們可以一起拋棄誘餌，重新展開對話，並且能用一種創新做法，接受雙方在價值觀上的衝突，那麼我們有可能達成什麼？新的對話會顯現什麼，會如何界定我們推行的社會運動？人們會如何看待我們？可能產生怎樣的結果？

這本書的宗旨是，一起找到脫離對立和僵局的通道。我們落入的陷阱和衝突可能是過往或文化的包袱，但這些都是可以超越的，所以通道可以引導我們前進。通道能把我們從一組特定的個人對話，引向集體對話（個人對話的累積成為集體對話），最後創造出有影響力的集體成果。為了做到那樣，我們就要將這本書提供的工具，應用到更大的範圍：找出核心衝突和陷阱，努力接受和轉變它們，並採取有建設性的行動創造新對話。

本章我們將依據我們在推行永續發展運動的經驗，以及我們對本身熟悉的衝突和陷阱所做的反思進行討論。不過，我們的目的是藉由我們的例子，作為其他社會運動和對話的參考。我們的經歷跟其他支持社會運動者的經歷並無不同，只是他們推動的是社會正義（例如：教育和刑事司法改革），追求公共衛生與安全（例如：健保改革和戒菸、控制肥胖和控制槍枝暴力等運動）。所有追求更美好世界、但卻無法破除對立和僵局的社會運動領袖，都可以善加利用本章介紹的做法。

社會運動都有核心衝突與陷阱

將「陷阱與衝突」的觀點從個人對話，轉移到整個社會運動的層面，這意味著什麼？讓我們好好想想，當我們召集一大群支持永續發展的人士和組織時，會發生什麼事。以下是我們的經歷，我們努力解決一組核心衝突：

- 我們關心此刻因兼容經濟成長而受惠的我們和窮人。但是，我們也關心我們的（以及窮人的）後代子孫，他們的利益是否會因為破壞環境的發展而損害。
- 我們關心受壓迫的人們和物種，我們想透過標準、規定和法令來保護他們。但是，身為消費者和企業人士，我們也想要自我決策的自由。
- 我們想要減少消費，只購買對社會和環境危害較小的產品、服務和投資。但是，我們也想得到任何社會成員都期待的同等績效（舒適、效能和速度等等）。
- 我們想樂觀看待人類創造美好未來的巧思與善良。但是，我們也看到社會不公和環境惡化的現狀和發展趨勢，並對未來失去信心。

透過與其他群體、社會運動和集體對話中的個人交流，我們聽到各種不同的衝突。在健保改革領域，我們常常聽到深謀遠慮的醫療從業人士表示，他們想要為眼前的病患提供最好的醫療服務，但他們也想確保我們的社會獲得最健全的成果（即使這表示要對眼前的病患有所保留）。這個衝突會擴散到組織內的不同群體，導致摩擦和爭執，譬如說：面對病患的醫療服務人員和財務主管之間就可能出現這種衝突。

在社會正義運動裡，維權人士努力追求**代表性**。追求刑事司法改革的組織裡要有被監禁經歷的個體和有色人種，才能確保他們的話語權，也讓組織有代表性。與此同時，誰也不能保證這些直接相關的人就能提出有效策略落實改變。而且，名校畢業的白人律師和顧問往往更容易籌集資金，並與其他精英建立合作關係。結果，做足代表性的組織可能被認為不具備引發系統性變革的能力。相反地，把**有效性**最大化的組織或許會認為自己必須放棄部分代表性，雇用有特權階層背景的人士。但是這樣做，就要面對基層群眾對其本身合法性的批評：「那些人不會為我們說話。」

於是，在一群目標互補或一致的人群中，就產生摩擦。結果可能減弱每個人的精力，以及整體的影響力。問題核心就出在代表性和有效性之間的衝突，或是個人健康和整體健康之間的衝突，抑或是理想主義和現實主義之間的衝突。然而，我們需要建立**既有**代表性，**又能**有效創造改變的組織和聯盟。我們需要能夠集結缺乏社會資源者和特權團體之獨特能力的策略。我們藉由關心每一個個體來強化整體的健康，我們需要以當前現實為依據又有遠見的做法。

這些就是我們在推行永續發展運動中，存在的核心衝突。透過適當的表達，這些衝突就能促使我們學習和創新，賦予我們追求意義和使命感，激勵我們彼此溝通，找出前進的通道。但是，我們往往任由這些衝突轉變成為我們彼此之間、組織之間，或政治舞台上的歧見。這些衝突成為無奈順從、憤世嫉俗、挫折失望和心力交瘁的根源。它們在外部製造歧見，在內部引發暗鬥，成為誘惑我們的陷阱來源。

社會運動都會出現理想主義與現實主義的衝突

首先，我們要擴大探討在所有社會運動組織裡都看到的現實主義和理想主義的衝突。花一點時間想想第7章練習24裡所介紹的，如何進行雙向度對話。在單向度對話裡，你不是一個現實主義者，就是一個理想主義者。從現實主義者的角度來看，我們需要的是漸進式的改變。現實主義者聽別人談論願景，但他們回顧過往發現，所有改變都是漸進式。而從理想主義者的角度來看，我們需要的是轉型式的改變。漸進式的改變不足以解決我們面臨的問題。而且，如果我們無法預先想像出我們想要達成的理想境界，我們就不可能到達那裡。現實主義者把理想主義當成妄想，而理想主義者又把現實主義當成缺乏理想。你可以說妄想和缺乏理想，就是因為理想主義和現實主義的衝突，而產生的兩個陷阱。

在實際狀況下，當現實主義者聽到一段理想主義的對話時，他會嘗試插嘴為「現實主義發聲」。當理想主義者聽到現實主義的對話時，他會覺得這裡需要「一個大的格局」。然後，接下來就會發生一場單向度的爭論或變動，每一方都想向對方證明自己的觀點更重要。於是，分歧就此產生。

事實上，我們都是理想主義者，也都是現實主義者。你可能會發現，你在某些群體裡發表理想主義的觀點，同時在其他群體裡發表現實主義的觀點。從小到大，你可能會被某個社群認為是理想主義者，卻被另一個社群認為是現實主義者。但是無論怎樣，在這兩種對話裡，你都無法創造出自己想要的影響力。

當我們從「理想主義對抗現實主義」的單向度空間，進入雙向度對話時，就會出現一條通道。當兩種觀點同時出現時，我們就擁有具建設性又有創造力的衝突。我們就創造出一個既立足於現實，又能發揮願景力量且充滿可能性的空間。

我們可以看看在第7章分享過，瓊斯在接受「資訊戰」採訪的其他內容，當成佐證。這次採訪讓瓊斯與施洛耶的關係發生根本的轉變。

> 如果我們想成為一個國家，而且……我們別無選擇，我們有各色人種，各種類型、各種性別、各種信仰的人們住在美國。我們國家在人類歷史上是一個奇蹟，世界上甚至還沒有哪個國家試過我們每天在這個國家做的事情。有的國家只有兩個民族，卻連兩個民族也無法和睦相處……
>
> 但現在，面對美國人，我們得坦誠以告。美國一直有兩面，而不是只有一面。我們國家的建國現實，連創立者都感到失望。你去傑佛遜紀念碑看看，湯瑪斯．傑佛遜（Thomas Jefferson）在大理石碑上的銘文寫著：「一想到上帝是正義的，我就不禁為我的國家感到不安。」他說的是奴隸制度，那是建國現實……但往好處想，我們也有建國理想。同樣也是傑佛遜說的：「我們認為這些真理不證自明——人人生而平等。」
>
> 這就是美國。醜陋的建國現實……和那個美麗的夢。而且，我們之所以是美國人，

是因為我們有一種辯論和修正的流程，讓每個世代一步步拉近建國現實和建國理想之間的差距。正因為如此，我們是美國人……所以，如果你不承認那個建國理想，只看著建國現實的醜陋之處，那你就錯了。我們不只是那個建國現實。但反過來說，如果你不願意看到那個醜陋的建國現實，不願意看到人們的痛苦，不願意看到他們的家人在那個建國現實裡遭受折磨，卻說我們是錯的，那麼你一樣也沒有搞懂，你也不懂美國。

如果到現在為止，你一直跟我們做好練習，那麼你就已經接觸過這種現實和理想之間的衝突了。第6章分享的寫信練習，是一個人際關係練習，引導你用比從前更有說服力的方式，跟對方溝通現實和願景。現實是你跟誘餌的關係（第4章），願景是你真正想要的東西（第5章）。只分享其中一項，你就無法讓對話邁入有建設性又具創造力的衝突空間。

在本章裡，我們將邀請你建立這個技巧，為你推行的社會運動創造一個多向度的空間，讓衝突可以有建設性又有創造力。首要步驟就是，找出你所屬社運組織的核心衝突。

EXERCISE

練習㉖ ✕ 找出你所屬社運組織的核心衝突 ：

從你的組織裡找一小群人（可以是你和你的搭檔），一起考慮下列問題：

- 你所屬社運組織的核心衝突為何？你經常在這個組織裡聽到什麼衝突或相互矛盾的願望？
- 是什麼衝突或價值觀，讓你所屬社運組織的成員跟外界人士有隔閡？

寫下你找到的衝突，用肯定的語氣說明每個價值觀。也就是說，人們支持什麼（而不是他們反對什麼）。

你可能需要花一點時間，弄清楚非同道中人在追求什麼價值觀。我們很容易用「他們不贊同我們想要的價值觀」這種藉口敷衍了事，而不是努力了解他們追求什麼價值觀。如果你想不出來，不妨去找與你意見相左的人尋找答案。

如果你關注的問題是永續發展，你就可以拿我們的反思做參考，你可能增加哪些內容？修改我們的話語來符合你自己的情況。

社會運動有集體誘餌與陷阱

我們如何在社會運動層面放棄誘餌、接受衝突？在第3章到第7章的內容裡，改變和重啟對話都是你身為個人能做到的事情。你擁有反思自己對話並勇敢重啟對話的力量。擺脫集體陷阱有部分也是在做同樣的事情，是要改變一系列的個人對話。但是，你也可以把集體對話和**論述**當成整體來檢視。在擺脫集體誘餌和爬出集體陷阱時，仔細檢視人們使用的措詞是有幫助的，譬如：「永續發展」、「社會正義」和「公共衛生」等。這些措詞不僅是知性概念，也成為認同和忠誠的標籤。我們想說的是，形成誘餌和陷阱的依據就存在於這些概念和創造美好世界這種更廣大的概念中。

想想看，任何為了實現更美好世界的願景或社會運動，都不是單純一件事。我們追求的是，我們對整個系統的願景，而系統是由眾多要素構成，是由人組成的團隊和組織，由人和基礎設施構成的社群、價值鏈、國家、生態系統、乃至整個地球作為一個整體。往往，這些要素的組成物都非常複雜：數不清的要素以眾多不同的方式發生互動。「永續發展」描述整個系統如何運作。我們無法透過觀察系統內某個部分的行為和健康，就能了解整個系統的永續發展狀況。同樣地，「社會正義」和「公共衛生」也是人們對於整個系統的願景。

注意，如果我關心一個系統的未來，通常是因為我是那個系統的一部分，或者我關心的人是那個系統的一部分。在氣候變遷方面，傑伊和葛蘭特都住在濱海城市。我們有家人住在瀕臨危險的地區，譬如：佛羅里達州沿岸和孟加拉附近的沿岸地區。你可能有叔叔在加州務農，擔心乾旱影響作物收成，或者有朋友在煤礦業工作，擔心政府的氣候法規。對我們所有人來說，當我們努力對整個系統發揮影響力時，我們其實只是這個整體當中的一部分。

現在，考慮自以為正確、自以為正義化身、自以為確定無疑和自以為安全這四種誘惑。它們是我們在第4章找出的四種常見誘餌。

擺脫「自以為正確」的心態

當我是系統中的一部分時，我對整個系統真正能了解多少？當一位女性對某種靜脈注射毒品上癮，正猶豫著要不要重新使用一支針頭並承擔感染疾病風險時，我真的理解她心裡的想法嗎？當一個黑人小男生想在提防他的城市裡生存時，當警察的老婆希望她的老公每天都能平安回家時，對於他們的感受，我能了解多少呢？當佛羅里達州的屋主在愈來愈容易遭受天災侵襲的沿岸，修建、購買房屋並為房屋購買產物保險時，我真的理解他們的動機和想法嗎？身為系統中的一部分，我只是看到整體的一小部分。

有時，我對整個情勢的看法會跟他人相同；有時，我的看法會與他人不同。如果我有必要認為自己**是正確的**，那麼事實上，我幾乎必錯無疑，因為我不了解情勢有多麼複雜。而且，由於我確信自己是對的，我就不會跟那些能擴大我看法的人對話。

同時，如果我們能放棄自以為正確的心態，結果會怎樣呢？我們必須在不知道自己的行動是否「正確」的情況下，根據我們的價值觀採取行動。我們必須在不知道我們說的話是否「正確」的情況下，表達我們自己。我們會做什麼？我們會說什麼？我們會採取行動嗎？這種不確定性可能讓我們感到不適，但是接納這種不適，就是擺脫誘餌的關鍵步驟。它讓我們從倡議轉向探究，讓我們去提問、去傾聽，去理解新的觀點和看法。

然而，在大多數情況下，我們只是裝作自己是對的，而地球仍然繼續運轉。你可以看出，在我們努力創造一個更美好未來的過程中，自以為正確（並認為他人是錯誤的）是一個多麼難以甩開的誘餌。

擺脫「自以為正義化身」的心態

在上面所有例子中，你我都是系統中的利害相關人。我關心能否吃到魚，你關心加州的叔叔是否因乾旱受害，我們關心後代能否享受舒適的生活。身為系統的一部分，我既關心整體，也關心整體中與我有關的部分。

有時候，我的利益（特別是長期利益）與整個系統的健全（又稱為「更美好的世界」）一致，如果捕魚業可以永續發展，那麼我的孩子將來也能吃到魚。但有時候，我的個人利益和他人的利益或整體的利益相衝突。我現在想吃魚，或者想洗熱水澡洗很久，或者享受任何「讓自己內疚」

的快樂，儘管我知道這樣做可能對整個系統造成損害，尤其是我們所有人都這樣做的時候。在這種內心矛盾和衝突的情形下，我們該怎麼辦？我愈覺得自己是正義化身，我就愈不必反省自己的各種動機，也愈不去考慮我對個人目標的追求，可能會妨礙他人追求他們的目標。

如果你的團體或你支持的社會運動能擺脫自以為正義化身的誘餌，結果會怎樣？我們如何繼續激勵自己？我們再次請你體會那種不確定性，好好探究一下，理解哪些正面價值觀激勵「立場跟你不同的那群人」。

擺脫「自以為確定無疑」的心態

想想看，在我們支持的社會運動裡，我們想得到一種確定無疑的感覺，好讓我們覺得能在複雜系統和社會中做出改變。然而，一個複雜系統的未來本來是不確定的。有多少次，我們的預言沒有成真？有多少次，我們順利躲掉環境的災難？或者說，我們不過是延後它的到來，同時卻讓後果變得更加嚴重？在複雜系統裡，未來只會更加不確定，我們對現狀所知甚少，也不清楚微小的改變會在哪裡引發巨大的漣漪效應。我們是在發明捕撈鮭魚的新方法，還是在製造一種可能破壞整個捕魚業、像「特洛伊木馬程式」般的物種？如果你自信十足地聲稱，我的生活方式或我公司的產品都具有「永續發展」的特質，也就是跟整體的永續發展一致，就等於在說你知道未來。

不過，如果我們打算改變整個系統的發展方向，我們就需要很多人採用許多解決方案。這時，對問題和我們所選解決方案的好處表現得確定無疑，似乎就再重要不過。在某些情況下，這麼做是成功的：當人們感到恐懼，不知道未來會怎樣時，我們就想提供一個讓人安心的明確答案。不過，承認不確定性會有怎樣的感覺呢？我們可能找到哪些新的資訊來源呢？

擺脫「自以為安全」的心態

在所有關於系統未來不確定的情況中，我們所能想到的很多情況都讓人不愉快。我們努力防止少數族群受到壓迫，防止社會不穩定，避免政府破產、防止自然資源耗盡和氣候不穩定等等。

但是，採取行動改變未來也是一件冒險的事。從更大規模來看，我們的解決方案可能會產生無法預知、意料之外的後果。舉例來說：在二十一世紀頭十年裡，曾被認為能解決能源安全問題的玉米乙醇，導致國際糧食價格飆漲，加劇中東地區的不穩定，結果反而暗中破壞國家安全。在複雜系統中，每一種處事做法都存在風險。

想要感到安全幾乎總是一種妄想。從個人層面來說，行動的風險往往也相當嚴重，我們可能發現自己遭到拒絕。個體的「變革推動者」也承擔風險，這是個體利益和整體利益之間出現衝突的另一個例子。人權運動家馬丁・路德・金（Martin Luther King Jr.）遇刺身亡就是個人也要承擔風險的實例。但是身為站上公眾舞台的倡議者，我們都會面臨風險。如果我們不採取行動，我們也得承擔後悔的風險。

擺脫自以為安全的誘餌後，情況會怎樣？你可能會承擔哪些新的風險

EXERCISE

練習㉗ × 找出造成衝突的誘餌

回想你支持的社會運動面臨怎樣的核心衝突（練習26）。你們關注的神聖措詞是什麼，譬如：「正義」、「自由」或「永續發展」？你**確信**這些措詞代表**正確**和**正義**。只要他人認同這些措詞的意義和價值，你就會覺得跟他們接觸很**安全**。

現在，仔細考慮這種想法和共同體的侷限性。我們建議你以個人的觀點，與這個社會運動的其他成員一起進行這個練習。

- 重新考慮「正確」的意義：你個人的具體觀點透露出你想要改變所屬複雜系統的哪些事情？又想掩飾哪些事情？關於這個系統的哪些其他觀點，你一直不願意去傾聽或不願意去了解，而在另一個人看來，這些觀點可能是正確的？如果你能找那個人談談，你對正確的理解可能會有何改變？
- 重新考慮「正義化身」的意義：如果你倡導的社會運動獲得成功，哪些個人利益和群體利益會從中受惠？誰會受害或失去權力、影響力和資源？你們的做法是否存在可以預見的副作用或不利結果？正視這些潛在風險，如何減損你們自認為正義化身的感受？

- 重新考慮「確定無疑」的意義：對於你們希望改變的系統，你們收集的數據和進行的分析能夠透露多麼準確的因果關係？你們的哪些主張是以事實為依據？哪些只是假設？針對你們的解決方案，你們進行過多少次實驗？或者，你們已經多麼準確預測你們的策略和行動對未來的影響？你們過去的預測效果如何？正視這些問題，如何影響你們原本自以為確定無疑的感受？
- 重新考慮「安全」的意義：如果你發現你的團隊成員只跟與自己意見相同者接觸，讓自己在心理上和社交關係上感到安全，這樣會不會危害到團隊的效能？如果會的話，你們允許繼續存在的危險因素是什麼？如果不解決現況，你們會承擔什麼風險？如果採取行動解決現況，你們又會承擔什麼風險？如果你們正視這些風險，你們對「安全」這個概念的認識會有什麼改變？

從社會運動的核心找到可能性

如果我們從整個社群層面擺脫這些誘餌，結果會怎麼樣？要是我們能認清，我們自以為的正確、自以為是正義化身、自以為確定無疑和自以為安全等感受中，存在大量矛盾和不真誠，願意退一步觀察清楚時，結果會怎麼樣？

事實上，我們不知道「進步」為何物，我們不知道進步是什麼模樣。對於未來，我們沒有一個共享的清楚願景，更別提在定義達成願景的做法上達成共識。而且，我們可能永遠不會擁有這種明確共識。進步是一個承載我們所欲未來的容器，如果對每個人來說，它代表不同的東西；那麼對所有人來說，它就什麼也不是。

如果我們理解「永續發展」、「社會正義」和「公共衛生」，是一個個空的容器，結果會怎麼樣？

當我們處於這個令人不適的位置時，我們的其中一個選擇是以更具體的名稱表示我們追求的目標。比方說，我們可以把永續發展稱為建設可再生系統、生態復育或繁盛。或者，我們也可以把刑事司法改革稱為公共安全和強化社區。或許，我們也可以把所有社會運動的目的，都說是為了人類和環境的健康和完整性。事實上，這些對策各自都有簡練確切、頭頭是道的宣言。

然而，所有這些新名稱都會成為有自己的意義、障礙和缺失的容器。這是因為，從整體上看，再生，復育、繁盛和整體性都是整個複雜系統突顯的屬性，我們只能以整體某個部分的身分採取行動。因此，所有聲稱創造更美好世界的行動，都潛藏著自以為正確、自以為是正義化身、自以為確定無疑和自以為安全等誘餌。

所以，我們現在花一點時間，探討把我們所追求的目標當成一個空容器。如果我們換一種方式看待這種「空」，結果會如何？如果我們追求的不是一種東西，而是一種可能性，結果會怎樣？想想看，如果社會正義、公共衛生、永續發展和你所支持的社會運動都是一種可能性，結果會如何？

可能性同時存在於當下和未來。它永遠存在我們伸手剛好無法觸及之處，不過，它也是在未來不斷成為當下的過程裡，由我們親手持續創造的。面對一種可能性時，我們想要擁有自以為正確、自以為正義化身、自以為確定無疑或自以為安全的感受，就會困難得多。當我們把自己支持的社會運動看成是一種可能性時，一切就只是一種探究，是一系列的問題，而不是一整套答案，是你會邀請他人加入的一場對話。

當我們把自己支持的社會運動看成是一種探究，而不是他人必須理解的某種確定事物時，我們就可以展開各式各樣的對話，邀請他人加入這個探究過程。我們可以自由地邀請他人與我們對話，一起設想美好願景，而不是要他人接受我們制定的願景。我們有機會一起探索我們的人性，而不是在追求誘餌的過程中深感尷尬。

EXERCISE

練習㉘ ✕ 一起預想未來：

在預想更美好的未來時，邀請重要人士跟你一起討論，練習展開關於可能性的對話。選擇那些你認識且意見往往與你不同的人。這種對話可以是非正式的社交活動，譬如一起吃飯，也可以是預先安排的正式會議。

對方發現我們需要克服哪些挑戰？

如果我們打算克服那些挑戰，那麼對方希望將怎樣的世界傳給後代子孫？

如果對方詢問，就告訴他（她）你想要激勵大家創造怎樣的未來。

注意，你正在製造一種有創造力的衝突，對方可能在這個對話空間裡做出各式各樣的回應。他們可能做出天馬行空或過於注重現實的種種反應。注意觀察，你是否有任何想要操控或修正對方回應的傾向，請打消這種念頭。

練習透過說出和回應對方想要的未來和必須克服的挑戰，將對話導向健康又有創造力的衝突。你可以這麼說：「你的夢想是……」「還有，你覺得最大的挑戰是……」

如果你已經分享自己想要的未來，就試著探索同時實現兩種未來可能性的空間。對方的願景如何跟你的願景互補？對於你想要的未來，對方的目標如何成為不可缺少的一部分？那些目標有時是否互相衝突？

注意觀察在這次對話中，你自己表現出的狀態。

在第5章裡，我們分享一則冥想引導練習，以及學員透過練習體會到他們想在預想未來時，表現出的各種狀態。我們把結果再次呈現在圖12。

請再好好看看這些措詞。當我們勇敢擺脫誘餌，邁入這個空間時，發生了什麼變化？對我們兩人來說，這個體驗讓我們回想起十三世紀詩人魯米（Rumi）寫的一首詩：

在對與錯之外，
有一個場域，我會在那裡與你相遇。
當靈魂在這片青草地上歇息，
世界豐盈圓滿到無法言喻。
觀念、言語，甚至像「你我」這樣的語句

都變得毫無意義。

以圖12裡的狀態來看，你會如何闡述你所屬社運組織的核心可能性？

在這個探究過程中，永續發展領域權威人士約翰・埃倫菲爾德（John Ehrenfeld）說的一段話，成為後來啟發我們研究永續發展的基礎。這段話是這樣講的：「永續發展是人類和其他生命能在地球上永遠繁盛的一種可能性。」「繁盛」（flourishing）是在所有措施都奏效的前提下，也就是當我們成功聯合他人，一起採取行動解決「無法永續發展的事物」，未來就會是這種繁盛的樣貌。跟我們一樣，埃倫菲爾德也清楚說明永續發展運動在創造這個未來的過程中，一直沒有做到真誠。而在我們希望為世界成為怎樣的人，跟我們過去是怎樣的人，兩者之間出現這種有創造力的衝突時，剛好為我們跟他人的對話提供一個有

包容、充滿希望
自信、分享、喜樂、平靜
滿足、受激勵、**歸屬感**
有參與感、自在
滿意、**快樂**、存在感、輕鬆
健康、心胸開放
樂於助人、和諧、**放鬆**、平和、創新
有力量、自豪、**充滿愛**、慷慨

- 圖12：在有建設性的未來中顯現的狀態

力的起點。我們能跟認為我們只是一群自以為是的傻瓜的那些人產生共鳴，因為我們過去就是那樣。而且，我們能有說服力地向他們傳達，我們最為重視的事情。

花一點時間闡述你的願景或你所支持之社會運動的可能性。注意一下，在尋找這種可能性時，你遇到哪些陷阱或在哪些方面沒有做到真誠。你在別人眼裡是處於什麼狀態？那種狀態跟你想要的未來一致嗎？什麼誘餌讓你停留在過去的模式裡？對話失敗時，你得到什麼好處？怎樣的狀態跟你想要創造的未來一致？你真正想要的是什麼？你想跟誰分享你想要的未來？

我們不是要你寫一封信並公諸內容，激勵你所屬的社會運動產生你想要的改變。畢竟，要做到這樣，你可能需要與組織和此運動其他成員一起完成先前的一些練習。

EXERCISE

練習㉙ × 改變你所屬社運組織的核心對話：

跟你組織裡的其他成員一起完成下面的填空練習：

當我們針對＿＿＿＿（約定或行動主義的背景）進行對話時，我們要承認，我們的狀態包括＿＿＿＿（舊的狀態）。

當我們說想要＿＿＿＿（代表更美好未來的目標）時，我們實際上也想要＿＿＿＿（誘餌）。

我們發現這種做法造成一些負面結果，包括＿＿＿＿（對話陷入僵局的後果）。很抱歉，我們採用這種做法。我們想要創造一種新的做法，讓雙方繼續對話。

在往後的對話和關係裡，你可以相信我們是＿＿＿＿（新的狀態），是跟我們真正想要的未來一致，意即＿＿＿＿（你所屬社會運動的可能性）。如果你察覺到我們不小心又恢復舊有習慣，請你一定要提醒我們。

下面這則故事就是社會正義運動方面，出現的一個實例。

莫莉．鮑德溫（Molly Baldwin）在一九八八年，於麻州設立一個名為羅卡（Roca）的組織，致力於幫助高犯罪風險的年輕人。這些年輕人大多經常進出監獄。起初，無論是對這些年輕人還是對她的工作來說，她都把執法人員當成敵人。採取支持年輕人的立場，就表示要對壓制這些年輕人的社會體制，抱持反對的立場。但是她很快就發現，這種做法是有其限制的。年輕人花時間參與她的計畫，卻繼續不斷地惹事生非。警察把她剛剛建立的社區中心和課後輔導計畫，看作是幫派分子的天堂，根本不信任她的努力。

莫莉試著主持讓雙方和平相處的討論小組。讓年輕人和警察能夠在一個安全的空間裡，一起分享他們的願望和恐懼。起初，討論現場一點也不安全。「有四十多人出席，有年輕人、警察、假釋官、社區成員和朋友，」莫莉回想當時的情況，「第一次活動進行到一半時，現場就鬧翻了。人們都在大吼大叫，年輕人都在咒罵。所有人都說：『看吧，這樣做根本行不通！』看到第一次活動如此失敗，讓我非常難過。但最後我明白，我的做法多麼容易導致矛盾和不團結，我也明白身為調解人的我有多麼不足。我本能地意識到，『我們和他們』這種對立思維造成的問題。以及這種思維如何在我和我的組織中生根。我們一直認為：『我是對的，你們是錯的！問題在你們身上，不在我們身上，因為我們佔據著道德制高點！』就是這種思維讓我們的能力受到侷限，讓我們無法真正幫助他人和改善現狀。」

莫莉和她的團隊跟警察局長接洽，向對方分享這些反思，承認自己必須為造成衝突負責。從那時候起，他們跟警察的關係就發生根本的改變。後續舉辦的維護和平討論會，愈來愈能創造真正的對話。「在跟我們有榮幸服務的所有城市的警察一起共事的過程中，我們付出許多努力。我們跟不同層級的警察進行真誠且有意義的對話，而不是『可有可無』的對話。在幫助高犯罪風險的年輕人改變生活的過程中，這是不可或缺的環節。我們需要時間、誠實和長期承諾，度過艱困時期。但對我們所做的工作來說，這樣的對話就是關鍵所在。」

今天，羅卡這個組織已經走在減少累犯的創新前線，主要是因為莫莉和她的團隊能夠跟幫派、警察，法院、假釋裁決委員會、學校和社會服務機構合作，形成有效的協作體系。在將青少年司法與強健安全社區緊密聯繫的工作裡，莫莉的機構已經成為一個值得大家學習的榜樣。他們正在促成更大規模的改變，為司法體系中的年輕人，做出更加有效的干預。

我們才剛開始了解前進的道路

現在，當你擺脫對誘餌的執著，展現出新的狀態時，你看到怎樣的行動方案？無論是身為個人，還是集體中的一部分，可能讓你實現抱負的通道在哪裡？

我們確信，我們不知道這些問題的答案。如果我們已經把這本書要教你的工作做好，我們就已經教會你展開充滿有建設性、有創造力的衝突對話。在這種對話裡，你不可能知道會出現什麼結果，我們寫這本書的目的就是，讓讀者發現這些前進的通道，然後穿越通道，最後創造出驚人的成果，並將成果與我們分享。

下面這些例子是我們目前設想和觀察到，可能出現的替代通道。當你遇到我們在第4章（表3）列出的具體陷阱時，你可以嘗試這些新的做法。不過，至於你所屬社會運動中存在的陷阱和可能的前進通道，就交由你自行找出。

• 表6：前進的通道

陷阱	可能的替代通道
某人應該	• 做出我們自己的真誠承諾並履行承諾。
自以為是	• 邀請他人表達他們想讓自己和後代子孫享有怎樣的未來並認真傾聽。 • 真誠分享你自己的學習與發展歷程和其中的掙扎。 • 找出彼此共享的價值觀或信念，以及在什麼事情上，能彼此欣賞對方的價值觀。
我知道什麼是進步	• 承認他人信奉的價值觀並讚賞其貢獻。 • 營造互相尊重、互相啟發、共同創造的氣氛，打造促成創新和變革活動的活力環境。
獨行俠	• 承認他人信奉的價值觀。 • 分享我們個人的承諾。 • 邀請他人參與。 • 承認我們與他人互相依賴。
這是對的事	• 傾聽他人重視什麼，尋找能夠實現多重目標的方式。 • 同時討論商業利益與個人利益的案例，以及涉及社會利益的案例。承認人往往關心兩種利益，但認為兩者之間必有取捨。
無私或自私	• 承認少數人的利益和整體利益之間一定存在取捨。 • 承認無私或自私都是正當的，尋找「透過追求整體利益實現個人利益」的方式。 • 尋找個人、社會和環境平衡發展的方式。

現在就要解決！	• 無論做什麼事情，尋找增加中小學教育成效的機會。 • 花一點時間跟尚未加入這個社運組織、卻可能帶來有價值觀點的人接觸。 • 為我們共同的未來創造對話機會，而不只是創造對話機會解決眼前的挑戰。
人類或自然	• 承認人類利益和其他物種利益之間必定存在取捨。 • 尊敬並表達我們對人類和所有生命的愛。 • 發揮創造力，找到同時對兩者有益的解決方案。
問題導向	• 弄清楚你真正想要達成的目標，包括：願望和抱負。 • 依據大量數據認清現實，把問題重新描述為現實與願望之間的差異，不要一下子跳到診斷分析或解決方案。 • 組織對話要以未來為導向，從我們想要實現的願望開始談起，然後回推到現狀，以此找出實現願景的路徑。

EXERCISE

練習㉚ × 為自己和所屬社運組織開闢前進的通道：

考慮表6中的行動通道。對你和你的團體與組織、或你所屬的社會運動來說，哪一個通道可能最有價值？舉例來說：

- 哪個陷阱最能説明你的組織陷入僵局的情況？你可以複習第4章中對陷阱實例的細節。
- 哪些通道最可能讓你擺脱這個陷阱，並協助你日後避開這個陷阱？
- 哪些通道似乎最違反你的直覺，跟你目前的做事方式最背道而馳？你不妨把它當成對話陷入僵局時，值得你探究的一個信號。

在你所屬的社會運動中，你還找出哪些陷阱？記住，陷阱是跟陷入僵局經歷有關的一次對話或一組談話。

你能想到其他可能的通道嗎？

想想看，為了實現你的目標，你最可能跟哪些人、哪些群體或哪些組織接觸？哪些通道可能改變你與他們的對話？

你下一步打算怎麼做？

跟你的家人、同學、組織裡和社區裡的其他成員，一起進行這個探索。邀請他人談論他們想要為自己、為後代子孫、為他們從未見過的人，創造怎樣的未來。就像我們曾經為我們自己挖掘集體陷阱一樣，我們也能創造集體前進的通道。你能製造一種可能性，彼此能共同創造新的可能性。

在這個過程中，我們必須謙卑有耐心，因為有些時候，我們一開始獲得的成果就「只有」對話而已。我們也要勇敢採取行動，展開最重要的對話。

EXERCISE

練習㉛ × 承諾付諸行動：

想想看，如果與世界上五位特定人士進行有效的溝通，能對你實現個人目標和改善世界的願景有極大的幫助。那麼，這些人是誰？

你可能不知道他們的名字，你可能只知道他們所屬的組織和擔任的職位。盡你所能地列出這個名單。

你可能不知道如何接洽這些人，在這種情況下，你可以在名單上面列出，哪些人能夠協助你聯繫這些重要人物。

你可以毫無頭緒，不知道怎樣展開這個對話。如果是那樣，請在名單頂端列出可以協助你採取進一步行動的好友或同儕教練。

想一想，你的群體或組織可能因為自身陷阱而聲名在外。這時，你必須先解決內部問題，然後你們才能以一個群體的身分步上前進的通道。在這種情況下，你要在名單頂端列出你必須在所屬組織裡接洽哪些人。

使用這本書介紹的工具，為你名單上的一系列對話，進行必要的反思和規劃。如果你必須丟掉包袱，那就使用第6章裡的工具重新啟動對話。如果你準備好展開對話，但預料到你一定會遇到衝突，那就使用第7章的工具接受這個衝突。

在所有對話情境中，至少選擇一次你必須要採取行動的對話，在行事曆或日記本裡寫下你決心行動的承諾，以及在某個具體時間前要完成行動。

想像我們做了這個工作，想像那些追求更美好世界的運動，藉由勇敢對話和促使可能性產生的健全空間，營造出更值得探究的特質。

我們或許能採用一個嶄新的方式，為了實現經濟、社會和環境變革進行對話。我們能將造成對立和僵局中的衝突，轉化成為創新和創造的推動力。我們支持的社會運動能夠成為通往所有生命繁盛的繁榮之源，而不是令所有生命沮喪的根源。當這個美好景象發生時，我們的努力就會充滿魅力，也會擴大影響力。我們的努力將吸引更多不同類型的人們和各種不同的觀點。我們的努力將在品質和規模上達到一定的程度。能夠創造出能滿足所有生物需求的世界。在這個過程中，我們也會改善我們跟與最攸關我們生活者之間的關係，我們也會更充分更真誠地表達自己。

願你勇敢迎接人類的重要挑戰，並在其中找到表達我們人性的重要機會。

我們開始行動吧。

本章摘要

- 當你練習你在這本書裡學到的技能時，你會得到勇氣和能力，在愈來愈大的舞台上打破僵局與對立。我們可能永遠也不知道，我們的對話會引導我們到何種境界。
- 利用在我們的組織和所屬社會運動的內部，一起進行反思，我們也能提高集體效能。對所有相關人士來說，在通往社會繁榮和健全環境的道路上，我們支持的社會運動可以成為繁榮的來源，而非是讓人們沮喪和心力交瘁的來源。
- 社運組織內部的核心衝突往往與本身的目標有關，也與現實主義（與漸進主義）和理想主義之間更為廣泛的衝突有關。找出這些核心衝突是讓組織更團結、更有效的必要步驟。
- 社運組織會落入集體陷阱，就像個人會落入對話陷阱的情況一樣。要讓集體對話有所進展，就要在集體層面放棄自以為正確、自以為是正義化身、自以為確定無疑和自以為安全等誘餌。這樣做之後，我們就能探討看待世界的新方式、新策略，以及藉由我們的工作實現影響更深遠的願景與可能性。
- 做練習：跟所屬組織其他成員一起探究組織的核心衝突，以及你們在什麼地方落入集體陷阱。一起釐清你們的願景和一起更深入共事的可能性。在先前陷入僵局的對話裡，找到和嘗試新的行動通道。做出個人承諾，勇敢展開對話並堅持到底。

參考書目

- Alinsky, Saul. Rules for Radicals: A Practical Primer for Realistic Radicals. New York: Vintage Books, 1989. 中譯本《叛道：改變國家的基進力量》，公共冊所出版社，2015。
- Anderson, Ray C. Confessions of a Radical Industrialist: Profits, People, Purpose—Doing Business by Respecting the Earth. 與 Robin A. White 合著， New York: St. Martin's Press, 2009.
- Anderson, Ray C. Mid course Correction: Toward a Sustainable Enterprise; The Interface Model. Atlanta: Peregrinzilla Press, 1998.

  —— Mid-Course Correction: Toward a Sustainable Enterprise: The Interface Model. Atlanta: Peregrinzilla Press, 1998.
- Argyris, Chris. Teaching Smart People How to Learn. Boston: Harvard Business Press, 2008.
- Bashir, Nadia Y., Penelope Lockwood, Alison L. Chasteen, Daniel Nadolny, and Indra Noyes. "The Ironic Impact of Activists: Negative Stereotypes Reduce Social Change Influence." European Journal of Social Psychology 43, no. 7 (2013): 614–626. doi:10.1002/ejsp.1983.
- "Carl the Cuck Slayer vs Van Jones." Van Jones 接受 Owen Shroyer 的訪談，YouTube 影片 TheInfowarrior. July 21, 2016.
- Cialdini, Robert B. Influence: The Psychology of Persuasion. New York: Collins, 2007. 中譯本《影響力》，久石文化，2016。
- Crowell, Steven. "Existentialism" Stanford University Encyclopedia of Philosophy. August 23, 2004. 網頁

檢索日期 November 13, 2016. http://plato.stanford.edu/entries /existentialism/#Aut.

- Ehrenfeld, John, R. and Andrew J. Hoffman. Flourishing: A Frank Conversation about Sustainability. Stanford, CA: Stanford Business Books, 2013.
- Ehrhard, Werner H., Michael C. Jensen, and Kari L. Granger. "Creating Leaders: An Ontological/Phenomenological Model." Chap 16 in The Handbook for Teaching Leadership: Knowing, Doing, and Being, edited by Scott A. Snook, Nitin Nohria, and Rakesh Khurana. Thousand Oaks, CA: SAGE Publications, 2012. 摘要詳見 SSRN, https://ssrn.com/abstract =1881682.
- Ehrenfeld, John R. Flourishing by Design. 網頁檢索日期 November 13, 2016. http://www.johnehrenfeld.com/.
- Esty, Daniel C., and Andrew S. Winston, Green to Gold: How Smart Companies Use Environmental Strategy to Innovate, Create Value, and Build Competitive Advantage. New Haven, CT: Yale University Press, 2006. 中譯《綠色商機》，財信出版，2009。
- Fisher, Roger, William Ury, and Bruce Patton. Getting to Yes: Negotiating Agreement without Giving In. New York: Penguin Books, 1991. 中譯本《哈佛這樣教談判力》，遠流出版，2013。
- Fowler, Susan. Why Motivating People Doesn't Work . . . and What Does. San Francisco: Berrett-Koehler, 2014.
- Frankl, Viktor E. Man's Search for Meaning. Boston: Beacon Press, 2006. 中譯本《活出意義來》，光啟文化，2008。
- Fritz, Robert. The Path of Least Resistance: Learning to Become the Creative Force in Your Own Life. New York: Ballantine, 1989.

- Grant, Gabriel B. "Transforming Sustainability."Journal of Corporate Citizenship 2012, no. 46 (2012): 123–137. doi:10.9774 /gleaf.4700.2012.su.00008.
- Haidt, Jonathan. The Righteous Mind: Why Good People Are Divided by Politics and Religion. New York: Pantheon Books, 2012. 中譯本《好人總是自以為是》，大塊文化，2015。
- Hawken, Paul. The Ecology of Commerce: A Declaration of Sustainability. New York: Harper Business, 1993. 中譯本《商業生態學》，新自然主義出版，2005。
- Kador, John. Effective Apology: Mending Fences, Building Bridges,and Restoring Trust. San Francisco: Berrett-Koehler, 2009.
- Kahan, Dan M., Hank Jenkins-Smith, and Donald Braman. "Cultural Cognit on of Scientific Consensus." SSRN Electronic Journal. doi:10.2139/ssrn.1549444.
- Kegan, Robert, and Lisa Laskow Lahey. How the Way We Talk Can Change the Way We Work: Seven Languages for Transformation. San Francisco: Jossey-Bass, 2001.

  —— "Uncovering the Immunity to Change." Chap. 2 in Immunity to Change: How to Overcome It and Unlock Potential in Yourself and Your Organization. Boston: Harvard Business Press, 2009. 中譯本《變革抗拒》，中衛出版，2017。
- Kludt, Tom. "Mike Pence Appears at Odds with Trump on Climate Change." CNN. September 27, 2016. http://www.cnn.com/2016/09/27/politics/mike-pence-donald-trump-climate-change-trade/.
- Lakoff, George. The All New Don't Think of an Elephant! Know Your Values and Frame the Debate. White River Junction, VT: Chelsea Green Publishing, 2014.

- Lyle, John Tillman. Regenerative Design for Sustainable Development. New York: John Wiley, 1994.
- Machiavelli, Niccolò, W. K. Marriott, Nelle Fuller, and Thomas Hobbes. The Prince. Chicago: Encyclopedia Britannica, 1955.
- "The Monkey Trap Is Not a Lemmings Myth." YouTube posted by Russell Wright. October 13, 2011. https://www .youtube.com/watch?v=oAyU6wZ_ZUg.
- Okimoto, Tyler G., Michael Wenzel, and Kyli Hedrick. "Refusing to Apologize Can Have Psychological Benefits (and We Issue No Mea Culpa for This Research Finding)." European Journal of Social Psychology 43, no. 1 (2012): 22–31. doi:10.1002 /ejsp.1901.
- Oxford Dictionaries. s.v. "authentic." 網頁檢索日期 April 10, 2016. https://en.oxforddictionaries.com/definition/authentic.
- Pariser, Eli. The Filter Bubble: What the Internet Is Hiding from You. New York: Penguin Press, 2011. 中譯本《搜尋引擎沒告訴你的事》，左岸文化，2013。
- Patterson, Kerry, Joseph Grenny, Ron McMillan, and Al Switzler. Crucial Conversations: Tools for Talking When the Stakes Are High. New York: McGraw-Hill, 2012. 中譯本《開口就說對話》，美商麥格羅希爾出版，2012。
- Pfeffer, Jeffrey. Power: Why Some People Have It and Others Don't. New York: Collins Business, 2010. 中譯本《Power!：面對權力叢林，你要會耍善良心機》，時報出版，2011。
- Robbennolt, Jennifer K. "Apologies and Legal Settlement: An Empirical Examination." Michigan Law Review 102, no. 3 (2003): 460–516. doi:10.2307/3595367.

- Rumi. The Essential Rumi. Translated by Coleman Barks. San Francisco: Harper, 1995.
- Scharmer, C. Otto. Theory U: Leading from the Future as It Emerges. San Francisco: Berrett Koehler, 2009.
- Schumann, Karina. "An Affirmed Self and a Better Apology: The Effect of Self-A ffirmation on Transgressors' Responses to Victims." Journal of Experimental Social Psychology 54 (2014): 89–96. doi:10.1016/j.jesp.2014.04.013.
- Senge, Peter, Hal Hamilton, and John Kania. "The Dawn of System Leadership." Stanford Social Innovation Review, Winter 2015. https://ssir.org/articles/entry/the_dawn_of_system _leadership.
- Senge, Peter M. The Fifth Discipline: The Art and Practice of the Learning Organization. New York: Doubleday/Currency, 1990. 中譯本《第五項修練》（全新修訂版），天下文化，2018。
- Shah, Idries. "How to Catch Monkeys." In Tales of the Dervishes: Teaching-Stories of the Sufi Masters over the Past 1000 Years, 29-30. London: Octagon Press, 1982.
- Sheffi, Yossi. The Power of Resilience: How the Best Companies Manage the Unexpected. Cambridge, MA: MIT Press, 2015.
- Stauch, Jeffrey David. Effective Frontline Fundraising: A Guide for Nonprofits, Political Candidates, and Advocacy Groups. Berkeley, CA: Apress, 2011.
- Sun Tzu. The Art of War. Translated by Samuel B. Griffith. London: Oxford University Press, 1971. 原著為《孫子兵法》。
- Zaffron, Steve, and David Logan. The Three Laws of Performance: Rewriting the Future of Your Organization and Your Life. San Francisco: Jossey-Bass, 2009. 中譯本《績效三大定律》，大智通文化，2010。

謝詞

儘管大多數書籍的謝詞部分，最後才感謝作者的家人，但我們認為一開始就感謝家人最合適。我們的內人 Alaka 和 Sarah，以及我們的子女 Vikram、Uma、Ariana 和 Madeleine，不得不比別人更加忍受我們的廢話。而且跟別人相比，他們更是我們的明鏡，幫助我們反思、學習和成長。在此，我們以一些篇幅感謝家人為我們的付出。Sarah 為這本書的幾版書稿提供寶貴意見。Alaka 以優雅的措詞修改章節標題和書名，還潤飾整份書稿。對於她們在整個過程中付出的關愛、幽默與支持，我們的感謝無法言喻。

一路走來，我們也受惠於許多良師益友。對傑伊來說，撰寫這本書的過程中，腦中最重要的想法來自（依時間順序）他的父母 Rick Jay 和 Sue Sawyer（他們也為這本書貢獻許多寶貴意見）、Rel Zalman Schachter-Shalomi、Netanel Miles-Yepez、Robert Kegan、Catalina Laserna、Bruce Allyn、Bill Isaacs、Skip Griffin、Glennifer Gillespie、Peter Senge、John Sterman、Wanda Orlikowski、Rick Locke 和 Susan Silbey。對葛蘭特來說，他要感謝教導他堅持追尋個人使命的父母 Gregory Grant 和 Marilyn Bauchat。還要感謝 Jim Brainard、Mark Boyce、Gunter Pauli、Amelia Terrapin、Tom Seager、Marian Chertow、

Charles Vogl、Amy Wrzesniewski、Chad Oliver、Harry Pickens、Anamaria Aristizalal、Wayne Davis 和 Barrett Brown。

同時，我們都得感謝一些共同的良師益友和影響我們的人，他們的論述激勵我們進行研究。John Ehrenfeld 將永續發展重新定義為人類和其他生命能夠在地球上永遠繁盛的一種可能性。Donella Meadows 邀請我們堅持和表達我們的願景。他們一起協助我們找出真誠、個人轉型與社會轉型之間的關鍵聯繫。Robert Kegan 和 Lisa Lahey 的合著，其中包括《變革抗拒》（*Immunity to Change*），以及 Otto Scharmer 的著作《U 型理論》（*Theory U*）一直對我們的研究產生極大的影響，並告訴我們藉由一本書來分享個人轉型與社會轉型的過程是可行的。我們兩人也深感萬幸能夠遇到 Werner Erhard 和受他啟發的一些老師，除了前面提到的人以外，還有 Roger Smith。他們跟我們分享轉變一場對話的可能性。此外，悖論的觀念潛藏在我們的很多想法當中，特別是在〈接受衝突〉這一章。我們感謝 Kenwyn Smith 和 David Berg、Robert Quinn 和 Kim Cameron、Wendy Smith 和 Marianne Lewis，以及 Paula Jarzabkowski 在悖論方面所做的一系列研究。我們受惠於他們對這個冷僻的概念，成功用於理解組織和社會變革的持續努力。最後，我們的研究也受惠於從新觀點看待政治對立的一系列當代作家。Dan Kahan 關於氣候變遷和其他社會風險的文化心理學，Jonathan Haidt 對「正義之心」（Righteous Mind）的詳細描述，以及 Mark Gerzon 對「重塑美國」（Reunited States of America）的詳細記錄，都是這本書的靈感泉源。

我們的學員和接受我們訪問的人們把他們的經歷，透過既感人又說服力十足的故事，跟我們分享。他們已經採取行動改變對話，我們要向他們致上由衷的感謝。其中一些學員選擇在我們這本書裡分享他們的故事，我們希望這是留給後人的重要紀錄，在此特別感謝 Kevin Hagen、Melissa Gildersleeve、Joyce LaValle、John Frey、Sean Kenney、Rob Wilson、Molly Baldwin 和 Brent Segal。

如果沒有協同促成者的付出，這一切都不可能發生。他們是 Katie Wallace、Barrett Brown 和 Sara Soderstrom。Barrett 幫助我們編寫重要練習，Sara 在密西根大學的環境領導力課程，創造我們親眼目睹的最深刻變革。我們的研習班也獲得一些贊助，對此我們特別感謝資誠集團的 Jeff Senne、拜倫基金會的 Mark Boyce 和格蘭森環保基金會（Grantham Foundation for the Protection of the Environment）的 Jeremy Grantham 和 Ramsay Ravenel。

我們的專案經理 Laura Yates 給予我們極大的協助，我們從她在春假旅行的氣候變遷對話，為這本書揭開序幕。本書第6章和第8章也記載她勇氣可嘉的對話。感謝她在整個過程中，把一切都安排妥當。

我們的編輯 Rose-Anne Moore 和 Anna Leinberger 協助我們將雜亂無章的想法和練習，整理為一個前後連貫的整體。而且，如果不是 Berrett-Koehler 出版社的 Jeevan Sivasubramaniam 和 Steve Piersanti 對我們的「厚愛」，這本書根本不可能進展下去。我們在大家的鼓勵下，成為出版商和作家社群的一分子。感謝這個社群努力創造能滿足所有生命需求的世界，也協助作者們實現這個目標。

在此，我們要特別感謝兩群人，為這本書的初稿提供極為寶貴的意見。首先要感謝我們敬重的作家，包括 Wanda Orlikowski、Peter Senge、John Ehrenfeld、Andrew Hoffman、Barrett Brown、Charles Vogl、Bill Isaccs、Kate Isaacs 和 Steve Schein。另外要感謝做完第一版練習的「試用者們」，他們有 Rachel Payne、Becky Margiotta、Carolyn DuPont、Heather Johnson、Tamara Staton、Bethany Patten、John Harrison、Jasmine Hamilton 和 Savannah Christiansen。感謝 Sarah Townsend-Grant 和 Chloe Cockburn，協助我們了解公共衛生和社會正義等領域的觀點。我們的插畫設計師 John Cox 幫我們把認真玩的精神融入這本書的內文。最後，我們也要大力感謝在課堂上現場測試書中所述做法的大學教師們，感謝 Elizabeth Walsh、Jessica Vogt、James Beresford、Jim Stoner 和 Glen Dowell。

我們感謝所有朋友開闊我們的視界，如有遺漏或含糊之處，全是我們的疏失，敬請海涵。

關於作者

傑森・傑伊（Jason Jay）

傑伊在科羅拉多州波德市長大，在那裡他學會對皚皚白雪的崇山峻嶺心存敬畏，並看著爸媽建立一個改善人們生活的事業。後來，他搬到波士頓求學，跟阿拉卡墜入愛河並共結連理，也愛上沿海城市的生活。阿拉卡在印度的家人將他視如己出，並協助他了解四海一家這種觀念。他逐漸明白，他所愛的這些地方都相當脆弱，於是他努力讓這些地方變得更加繁榮發展，並與兒女維克拉姆和烏瑪享受親子之樂。

傑伊現為麻省理工學院史隆管理學院的資深講師和永續發展計畫負責人。他每年為數百名領導者講授永續發展的策略和創新課程。同時，他透過寫作、教學和社區建設，讓企業領導者能夠幫助所屬組織蓬勃發展，並解決我們目前在社會和環境等方面的嚴峻挑戰。他在開始執教前，經營過一家網路新創公司，足跡遍及世界各地，也教過幼兒園。傑伊在哈佛大學取得心理學學士和教育碩士等學位，並曾擔任 Dialogos International 的顧問。後來，傑伊在麻省理工學院取得組織研究博士學位。

///

加布列・葛蘭特（Gabriel Grant）

葛蘭特小時候看著爸媽每天上班，為改善世界做出貢獻。他迫不及待地想要長大，跟爸媽做同樣的事情。在過去十五年裡，他培訓一千多名目標導向的領導者和世界級變革推動者，包括一百五十多個知名品牌的永續發展主管和副總裁在內。葛蘭特開始意識到，當人們將他們的工作當成一種召喚，就會活躍起來，並為周遭所有生命的繁榮做出貢獻。他希望未來的世界是人人願意全心全力分享的世界，人們忠於自己也尊重差異，並成為自己想要成為的那種人。

現在，葛蘭特的工作支持組織創造有目的感、信任和參與的文化。他是人類夥伴（Human Partners）的執行長，也是拜倫夥伴教育基金會（Byron Fellowship Educational Foundation）的共同創辦人。他擁有普渡大學物理學學士學位和生態系統工程碩士學位，以及耶魯大學領導力與永續發展碩士學位。他在耶魯大學的研究探討個人微觀層級的成功與組織、社群、地球的成功有何關係。目前，他與夫人莎拉以及愛女艾瑞亞娜和瑪德琳定居西雅圖，他們一家人的使命是一起創造無條件的愛，並為他人做出有力的貢獻。

高難度溝通

出　　版／楓書坊文化出版社
地　　址／新北市板橋區信義路163巷3號10樓
郵政劃撥／19907596 楓書坊文化出版社
網　　址／www.maplebook.com.tw
電　　話／02-2957-6096
傳　　真／02-2957-6435
作　　者／傑森.傑伊
　　　　　加布列・葛蘭特
翻　　譯／陳琇玲
企劃編輯／陳依萱
校　　對／黃薇霓
港澳經銷／泛華發行代理有限公司
定　　價／350元
初版日期／2019年9月

國家圖書館出版品預行編目資料

高難度溝通 / 傑森．傑伊，加布列・葛蘭特作 ; 陳琇玲譯. -- 初版. -- 新北市 : 楓書坊文化, 2019.09　面；　公分

譯自 : Breaking through gridlock

ISBN 978-986-377-515-7（平裝）

1. 人際關係 2. 人際傳播 3. 說話藝術

177.3　　108010817